A UNIDADE DOS SACRAMENTOS DA INICIAÇÃO

Dados Internacionais de Catalogação na Publicação (CIP)
(Câmara Brasileira do Livro, SP, Brasil)

Cruz, Elza Ferreira da
  A unidade dos sacramentos da iniciação : caminho de renovação pastoral a partir do conceito de mystérion / Elza Ferreira da Cruz ; [sob a coordenação de Waldecir Gonzaga]. – Petrópolis, RJ: Vozes ; Rio de Janeiro: Editora PUC-Rio, 2024. – (Série Teologia PUC-Rio)

  ISBN 978-85-326-6941-4

  1. Ritos iniciáticos – Aspectos religiosos – Igreja Católica
  2. Sacramentos – Igreja Católica 3. Testemunhos (Cristianismo)
  4. Vida cristã I. Gonzaga, Waldecir. II. Título. III. Série.

24-221811   CDD-264.025

Índices para catálogo sistemático:
1. Sacramentos : Igreja Católica : Cristianismo   264.025

Cibele Maria Dias – Bibliotecária – CRB-8/9427

Elza Ferreira da Cruz

A UNIDADE DOS SACRAMENTOS DA INICIAÇÃO
Caminho de renovação pastoral a partir do conceito de *mystérion*

SÉRIE **TEOLOGIA PUC-RIO**

© 2024, Editora Vozes Ltda.
Rua Frei Luís, 100
25689-900 Petrópolis, RJ
www.vozes.com.br
Brasil

© Editora PUC-Rio
Rua Marquês de São Vicente, 225
7º. andar do prédio Kennedy
Campus Gávea / PUC-Rio
Rio de Janeiro, RJ
CEP: 22451-900
Tel.: +55 21 3736-1838
edpucrio@puc-rio.br
www.editora.puc-rio.br

Todos os direitos reservados. Nenhuma parte desta obra poderá ser reproduzida ou transmitida por qualquer forma e/ou quaisquer meios (eletrônico ou mecânico, incluindo fotocópia e gravação) ou arquivada em qualquer sistema ou banco de dados sem permissão escrita da editora.

CONSELHO EDITORIAL

Diretor
Volney J. Berkenbrock

Editores
Aline dos Santos Carneiro
Edrian Josué Pasini
Marilac Loraine Oleniki
Welder Lancieri Marchini

Conselheiros
Elói Dionísio Piva
Francisco Morás
Gilberto Gonçalves Garcia
Ludovico Garmus
Teobaldo Heidemann

Secretário executivo
Leonardo A.R.T. dos Santos

PRODUÇÃO EDITORIAL

Aline L.R. de Barros
Jailson Scota
Marcelo Telles
Mirela de Oliveira
Natália França
Natália França
Otaviano M. Cunha
Priscilla A.F. Alves
Priscilla A.F. Alves
Rafael de Oliveira
Samuel Rezende
Vanessa Luz
Verônica M. Guedes

Editoração: Israel Vilas Bôas
Diagramação: Victor Mauricio Bello
Revisão gráfica: Heloísa Brown
Capa: Editora Vozes

ISBN 978-85-326-6941-4 (Vozes)
ISBN 978- 85-8006-325-7 (PUC-Rio)

Este livro foi composto e impresso pela Editora Vozes Ltda.

Sumário

Agradecimentos, 7

Prefácio, 9

Introdução, 13

1 | Desafios e perspectivas à iniciação à vida cristã atual, 17
    1.1 Um mundo fragmentado e em constante mutação, 18
    1.2 Provocações do magistério do Papa Francisco: a dimensão missionária querigmático-mistagógica, 22
    1.3 Um novo processo de iniciação à vida cristã: o documento 107 da CNBB, 27
    1.4 O Diretório para a catequese de 2020, 31
    Conclusão, 40

2 | **Mystérion/Mysterium**: a recuperação da face perdida dos sacramentos, 47
    2.1 A experiência de Deus no espaço sagrado da iniciação cristã, 48
    2.2 Os sacramentos-mistérios nas catequeses mistagógicas de Cirilo de Jerusalém e Ambrósio de Milão, 55
    2.3 A fragmentação da unidade batismo-unção-eucaristia, 66
    2.4 O retorno do mistério e da unidade dos sacramentos de iniciação cristã, 71
    Conclusão, 79

3 | Do batismo à eucaristia: uma proposta de itinerário mistagógico para a atualidade, 83
    3.1 Considerações acerca de uma teologia triunitária dos sacramentos de iniciação à vida cristã, 85
    3.2 A formação de uma "cultura eucarística" com base em uma vivência mistagógica hoje, 90
    3.3 Renovação de ações pastorais à luz da dimensão sacramental-mistérica, 95
    3.4 O papel dos agentes pastorais, 101
    Conclusão, 105

4 | Conclusão, 109

Posfácio, 117

Referências, 121

Agradecimentos

A Deus, autor e fonte da minha vida.

Aos meus pais, *in memoriam*, Manoel Simão da Cruz e Judith Ferreira da Cruz, por me amarem.

Ao meu marido, o companheirismo e o amor.

Ao meu orientador, Professor Dr. Padre Abimar Oliveira de Moraes, o incentivo e a parceria para a realização deste trabalho.

À Coordenação de Aperfeiçoamento de Pessoal de Nível Superior – Brasil (Capes) todo o apoio concedido.

Ao CNPq e à PUC-Rio, os auxílios concedidos, sem os quais este trabalho não poderia ter sido realizado.

Aos meus professores do departamento de teologia, que desde a graduação me brindam com suas aulas maravilhosas.

Aos meus amigos da pós-graduação, sobretudo aos meus companheiros de jornada Natasha e Flávio.

Ao meu pároco, Monsenhor Gustavo José Auler, por despertar em mim o desejo de estudar teologia.

Aos meus familiares, irmãos, sobrinhas, filhos e netos, presentes de Deus.

O presente trabalho foi realizado com apoio da Coordenação de Aperfeiçoamento de Pessoal de Nível Superior – Brasil (Capes) – Código de Financiamento 001.

Prefácio

No início do ano de 2023, após um processo de intensa investigação iniciado em 2021 junto ao meu projeto de pesquisa intitulado: "A dimensão profética da comunidade eclesial: identidade, missão e ministérios", a dissertação de Elza Ferreira da Cruz foi aprovada, com reconhecimento do mais alto grau de excelência e, em 2024, indicada pelo programa de pós-graduação em teologia da PUC-Rio para compor esta série de teses e dissertações de teologia.

Este livro é o resultado da excelência da pesquisa da autora e o fruto de seu envolvimento eclesial com a iniciação à vida cristã. Conheci e acolhi, entre os anos de 2014 e 2020, a hoje mestra em Teologia, ainda na qualidade de graduanda no nosso curso de graduação em teologia da PUC-Rio. Já ali, Elza da Cruz manifestava o seu interesse pela temática da iniciação à vida cristã nas mais diversas disciplinas que pudemos realizar juntos. Ao final do curso, seu trabalho de conclusão versou acerca do tema do sacramento da crisma/confirmação. Terminada a graduação, Elza iniciou o curso de mestrado. A pesquisadora, de certo modo, nunca se afastou da sua preocupação pastoral com a catequese, sobretudo dos mais jovens e das suas relações com as igrejas. No decorrer do mestrado se propôs a investigar o tema da unidade dos sacramentos da iniciação à vida cristã. Embora não se afastando da temática, posso afirmar que, sem deixar de ser catequista, a autora vem se transformando numa importante teóloga no campo da catequética.

O tema do presente livro é relevante, sobretudo no modo como a autora decidiu se aproximar da questão: com um olhar favorável, diria *kairológico*, no sentido de que, para a presente obra, a existência da fragmentação sacramental não é somente um dado a ser atestado, mas se torna lugar teológico-pastoral que exige, consequentemente, que estejamos abertos a acolhermos e incentivarmos os processos de aperfeiçoamento de nossas ações iniciáticas por reconhecermos a potencialidade evangelizadora de itinerários mistagógicos para nossos tempos que, partindo do ser batismal, passando pelo ser ungido, nos conduzam ao ser eucaristizado.

O livro evidencia, assim, o nexo profundo entre a realidade dos sacramentos da iniciação à vida cristã e o itinerário pastoral que a eles conduz. Isto é de fundamental importância para que, ao final, o livro possa propor princípios teológicos para a superação da atual fragmentação existente entre esses sacramentos e a vivência cristã que deveria sustentá-los. A presente obra se associa ao número de pesquisas acadêmicas e subsídios pastorais que indicam estarmos num momento em que é urgente a recuperação da unidade entre os sacramentos, de modo que sejam integrados no mesmo caminho de fé, isto é, como experiência vital de crescimento no seio de uma comunidade eclesial e como etapas complementares de um único processo de mergulho na vida iluminada por Cristo e testemunhada na Igreja.

Ao propor algumas perspectivas de repensamento pastoral, o livro nos ajuda a refletir acerca da possibilidade de uma *práxis* cristã, cuja fonte e o ápice é a inicial vivência sacramental e que seja capaz de superar o aprendizado oriundo da influência jurídico-ritual tão presente até os nossos dias. Uma de suas bases teológico-pastorais é o reconhecer que não é mais possível, na atualidade, propor a construção da experiência sacramental sem a superação de imagens teológicas, pastorais e religiosas que durante muitos anos acabaram por reforçar e legitimar atitudes de distanciamento entre a *lex orandi*, a *lex credendi* e a *lex vivendi*.

Na prática e nos estudos, a autora aprendeu que já há algum tempo o número daqueles que participam da vivência cristã diminui. Contudo, estranhamente, não diminui – ou ao menos a diminuição não é proporcional – quando aferimos a procura por nossas ações sacramentais, sobretudo as iniciáticas do batismo, da crisma e da eucaristia. A presente obra busca identificar que a relação entre rito (como evento anamnético fundamental da fé cristã) e a realidade concreta da vida (que deveria ser iluminada pelos sacramentos e a eles conduzir) é artificial e, muitas vezes, meramente exterior. Os eventos sacramentais, e tudo o que eles compreendem, exercem pouca influência no modo de agir dos que creem e o modo de agir dos que creem exerce pouca influência no modo de celebrar.

Tudo isto ajudou a autora a propor uma importante urgência pastoral: tentar impedir que as ações litúrgico-sacramentais se atrofiem ou se reduzam ao conjunto de ações estéticas que não têm mais nenhuma influência hodierna. Para além das questões rituais tradicionais, que não devem ser desprezadas, a catequética precisa tentar indicar a importância da vivência sacramental para a nossa existência cotidiana, em especial, a existência cotidiana ferida e dura dos novos tempos. Um momento em que a Igreja católica é convidada a redescobrir a urgência de repensar os seus processos iniciáticos cristãos, na tentativa de fazer emergir discípulos e discípulas missionários. Para fazer isto, o livro escolheu se debruçar no conceito de *mystérion*, entendendo que esta poderia ser uma perspectiva interessante, na busca pela recuperação da unidade dos sacramentos da iniciação à vida cristã.

Ao final, o que está presente nas páginas a serem lidas é uma concepção de vida cristã em sentido amplo, isto é, não no sentido de tarefa pastoral a ser exercida por um grupo específico paroquial (os catequistas), mas sim por toda a comunidade de fé em seus múltiplos processos de educação tanto na fé quanto pela fé que derivam da prática sacramental e a ela conduzem.

Uma última indicação: em meus estudos tenho buscado trabalhar cada um dos sacramentos a partir da ideia de verbos, isto é, eles são ações dinâmicas e não tanto "substantivos" a serem recebidos em rituais pouco vinculados ao antes (passado) e ao depois (futuro) da comunidade e da pessoa cristã. Atenta a esse tratamento, a autora nos apresenta uma provocação: batizar, crismar e eucaristizar são uma única ação coral; objetivo a ser perseguido pelos processos de iniciação à vida cristã.

Julgo que este livro apresenta uma contribuição científica muito original. O que encontramos registrado nele é rico e desafiador, tornando-se referencial para eventuais pesquisas sucessivas que se interessem pela reflexão quanto à ação evangelizadora e à catequese. Altíssima é a contribuição que a presente obra oferece à reflexão teológica e ao caminho de consolidação das propostas pastorais oriundas do paradigma da iniciação à vida cristã.

Congratulo a autora, as editoras Vozes e PUC-Rio, a PUC-Rio e o seu Programa de Pós-graduação em Teologia pela publicação. Aos leitores e leitoras, boa leitura!

Rio de Janeiro, 1º de maio de 2024.

Prof.-Dr. Pe. Abimar Oliveira de Moraes
Professor-associado 1 da Pontifícia Universidade Católica do Rio de Janeiro (PUC-Rio)
Coordenador adjunto dos programas acadêmicos da área Ciências da Religião e Teologia

Introdução

A nossa pesquisa objetiva tratar da unidade dos sacramentos da iniciação à vida cristã como caminho para uma renovação pastoral missionária a partir da recuperação efetiva do conceito de sacramentos como mistério. Embora passados mais de cinquenta anos da realização do Concílio Vaticano II, constata-se que os sacramentos ainda continuam sendo percebidos como ritos da Igreja, isto é, externos à existência, como se fossem celebrações sociais das quais se participa depois de um final de curso. É o que se percebe depois das celebrações da primeira comunhão ou da crisma, quando, no domingo seguinte, as crianças eucaristizadas ou os jovens crismados não retornam à Igreja. Essa ação dos batizados retrata que no cotidiano das comunidades o sentido de sacramentos ainda não aflorou inteiramente. Há anos a Igreja, em seus vários documentos, aponta para a questão dos batizados não evangelizados, aqueles que não vivem plenamente sua vida sacramental, que não participam plenamente da comunidade, não sentem a pertença eclesial, muitos dos quais querem a fé à sua maneira. Instaurou-se no viver uma mentalidade dicotômica, e a teologia contemporânea busca encontrar caminhos para superá-la, a saber, a relação entre a vida e a Igreja: o celebrar separou-se do viver, como se a espiritualidade cristã pudesse ser vivida de uma maneira individualizante.

Celebrar os sacramentos e não viver dessa celebração, não sentir pertença à comunidade, não trazer para a vida diária o testemunho cristão, é um grande problema para o cristianismo hodierno. Quando alguém participa de uma catequese, celebra um sacramento e não o vive, não o traz para sua vida (ou não compreende o que viveu), na verdade, está sendo nada, porque perdeu-se a sabedoria do sabor. Perdeu-se, ou ficou esquecida, a sabedoria celebrativa que impulsiona a transformação da vida. Esse fenômeno pastoral pressupõe uma teologia, imagem de Deus, que pode estar distanciada do Deus revelado em Jesus Cristo. Um Deus que é misericórdia, amor, perdão, fraternidade, entrega. Existem muitas causas e caminhos de resposta a esse fenômeno, porém não é nossa pretensão esgotá-lo, mas acender uma luz, um caminho de orientação.

Assim, esta pesquisa parte de uma hipótese: a de que a fragmentação da unidade dos sacramentos de iniciação prejudica, pastoralmente, a percepção da centralidade da eucaristia na iniciação à vida cristã. A eucaristia é a expressão mais própria do nosso Deus e da vida cristã. Essa fragmentação ocorre também no próprio sentido de sacramentos. A unidade é um processo construtor de comunhão expressa pela trinitariedade do Deus cristão. Os sacramentos de iniciação expressam essa triuniade (batizar-se é tornar-se filho do Pai, em Cristo, na unção do Espírito para viver na comunhão eucarística). A percepção pastoral desse sentido pode contribuir para renovar as instâncias pastorais.

Os sacramentos são instâncias eclesiais basilares da vida cristã, pois a Igreja é casa de oração e vivemos como rezamos, vivemos como celebramos. Se os sacramentos são compreendidos como "coisas" da Igreja, celebrações sociais, apenas um momento festivo no qual se recebe uma certidão e uma graça individualizante, perdeu-se uma das principais ferramentas de evangelização. Critica-se muito hoje uma catequese voltada para a sacramentalização que visa prioritariamente à preparação para "receber" sacramentos. Assim, a catequese, por sua natureza eclesial missionária, necessita rever seus métodos de atuação e realizar uma formação integral. A catequese não é entendida mais como uma escola na qual ao término do curso se realiza uma celebração e recebe-se um certificado. Os sacramentos não são celebrações com o fim em si mesmas. Por isso, é preciso redescobrir o sentido pleno dos sacramentos a fim de que se possa aflorar novas relações entre catequese e sacramentos. É o momento de se refletir acerca do sentido dos sacramentos como espaço de realização salvífica, de experiência de encontro com Deus.

Esse encontro com Deus se aprofunda na vivência comunitária eclesial; é preciso, portanto, recuperar a mentalidade de permanecer no caminho, de crescimento na fé e de que a iniciação cristã continua. A fragmentação dos sacramentos da iniciação trouxe um problema pastoral, a saber, o deslocamento da centralidade da eucaristia na iniciação cristã: deslocou-se o sentido de que somos batizados para participar da mesa fraterna da comunidade do Senhor. A iniciação cristã na forma atual centra-se na crisma porque é o sacramento da maturidade, da missão, da pertença eclesial, dos dons do Espírito; numa mentalidade de que o processo de iniciação está acabado, esquece-se o permanecer no caminho por meio da vivência eucarística. O sacramento da eucaristia, ao se repetir, recorda-nos de que ser cristão é estar em caminho e que o crescimento depende da permanência nos passos de Cristo na fraternidade eclesial. Recuperar o sentido pleno de unidade, a qual nos conecta aos passos do Ressuscitado, é um caminho de renovação pastoral e catequética para superar alguns desafios que se põem hoje à iniciação cristã. Os primeiros cristãos compreendiam que a iniciação continuava e aprofundava-se na vivência comunitária. Havia uma compreensão dos sacramentos que se baseava em um conceito ressignificado pelos cristãos: o conceito de *mystérion*.

Na condição de mistérios, os sacramentos expressam um sentido que une a Palavra e a vida no simbólico, tornando-se efetivamente espaço de transformação, de conversão a Cristo, de realização salvífica.

Diante das considerações apresentadas, escolheu-se um percurso que corresponde à metodologia da teologia latino-americana nas suas conferências, no método de ver, de discernir e de propor. Assim, o trabalho divide-se em três capítulos.

No primeiro capítulo, pretendemos lançar um olhar para a realidade contemporânea marcada por uma fragmentação que se expressa nos âmbitos culturais, sociais, políticos, religiosos, os quais formam um humano predominantemente individualista. Em seguida, trataremos dos desafios que o magistério de Francisco lança à Igreja e, por conseguinte, à pastoral: uma reconversão que brote do interior, que insira a pastoral em estado permanente de missão, que revise seu agir, sua mentalidade, e convoque a catequese a iniciar numa dinâmica querigmática e mistagógica. Em resposta ao apelo de Francisco, escolhemos dois documentos para análise, o documento 107 da CNBB e o *Diretório para a catequese de 2020*. Encontraremos nos documentos a inspiração catecumenal como caminho de iniciação à vida cristã nas dimensões querigmática e mistagógica, indicando a necessidade de uma renovação na catequese que não vise apenas a instruir, mas a formar o cristão por completo. Os dois documentos também apontam para a necessidade de recuperar a unidade dos sacramentos de iniciação à vida cristã.

No segundo capítulo, realizaremos um percurso histórico-teológico acerca da iniciação cristã desde os primeiros séculos até os dias atuais, mormente os séculos áureos da iniciação cristã. Dessa maneira, pretendemos demonstrar a unidade originária do batismo-unção e eucaristia a partir do conceito de sacramentos-mistérios como elemento fundamental da formação e do desenvolvimento do cristianismo. Já no Novo Testamento, encontraremos o que se pode considerar roteiros de iniciação cristã como experiência de encontro com o mistério de Jesus Cristo morto e ressuscitado. A iniciação tinha um sentido conjunto, pois o batismo-unção conduziam à participação na ceia comunitária do Senhor. Tal experiência se aprofundará no catecumenato desenvolvido pelos Padres, com auge nos séculos IV e V, com as catequeses mistagógicas. Escolhemos Cirilo de Jerusalém e Ambrósio de Milão, dois grandes catequistas, para exemplificar o sentido de unidade de iniciação a partir dos sacramentos-mistérios. Em seguida, trataremos dos aspectos que levaram à fragmentação tanto da unidade da iniciação cristã quanto dos sacramentos como mistérios e, no último tópico, salientaremos a recuperação do sentido de *mystérion* e das reflexões quanto à unidade dos sacramentos de iniciação.

No terceiro capítulo, pretendemos discernir e apontar caminhos de renovação, tendo a unidade dos três sacramentos como ponto principal. A unidade do batismo, da crisma e da eucaristia expressam a dinâmica trinitária do Deus cristão numa teologia da filiação, da unção e da nutrição. Precisamos redescobrir a teologia fundamental dos três sacramentos nos aspectos trinitário, pneumatológico e eclesiológico, cujo cerne é a eucaristia. O batismo e a crisma tendem para a eucaristia. A eucaristia, como centro da vida cristã, convida-nos a viver a fraternidade, a caridade no mundo numa vivência do partilhar o pão e o vinho que se forma à luz de uma mistagogia. Objetivamos salientar, dessa forma, que mistagogia não é um intimismo, mas um mergulho na realidade, pois é um mergulhar na experiência plena do Deus cristão. Para que essas mudanças ocorram são necessárias ações concretas, isto é, uma catequese que retorne ao essencial, que não só transmita conteúdos, mas reúna Palavra, celebração e vida, a fim de contribuir para a formação de uma mentalidade fraterna que vise ao bem comum. Trataremos no último tópico do papel dos agentes pastorais, dos catequistas, que são chamados a efetuar essas mudanças, cientes de que toda ação tem a primazia de Deus.

1
Desafios e perspectivas à iniciação à vida cristã atual

O presente capítulo pretende refletir a respeito dos desafios à iniciação à vida cristã hodierna, bem como evidenciar algumas perspectivas pastorais à luz de linhas teológicas e pastorais do magistério de Francisco, em especial do documento 107 da CNBB: itinerário para formar discípulos missionários e do *Diretório para a Catequese de 2020*.

Assim, dividimos o capítulo em quatro tópicos. No primeiro, pretendemos observar alguns aspectos do mundo contemporâneo a fim de evidenciar uma compreensão pastoral da realidade. Em um mundo fragmentado e em constante transformação, com uma crise de sentido que se reflete no campo religioso, com expressões de sentimentalismo excessivo ou alienante, esmorece a dinâmica comunitária, solidária, em uma forma de viver individualizante, autorreferencial, e que não tem espaço algum para o próximo. Esse fenômeno impacta e nos desafia a repensar os processos de iniciação cristã. É o que somos provocados a realizar no magistério do Papa Francisco, tema do segundo tópico. O magistério de Francisco convoca a Igreja a uma conversão, a uma renovação de todas as suas instâncias a fim de anunciar o Evangelho. Dessa forma, cabe à iniciação formar a pessoa em sua integralidade para que viva no amor, na justiça, na fraternidade solidária, salientando-se as dimensões querigmática e mistagógica como pontos de pedagogia pastoral.

Dois documentos expressam sintonia com Francisco e, assim, escolhemos refletir com base neles a fim de evidenciar desafios e perspectivas pastorais: o documento da Igreja do Brasil, 107 da CNBB, *Iniciação à vida cristã: itinerário para formar discípulos missionários* e o *Diretório para a Catequese de 2020*, temas do terceiro e do quarto tópicos. O documento 107 da CNBB, Iniciação à vida cristã: itinerário para formar discípulos missionários, seguindo o método ver-julgar-agir, trata da iniciação em chave missionária, em inspiração catecumenal como um desafio que necessita de aprofundamento a fim de renovar os processos de transmissão da fé; nesse percurso, o documento aponta para a necessidade de se repensar a unidade dos sacramentos da iniciação à vida cristã. O *Diretório para a Catequese de 2020*, no segundo capítulo, desenvolve o tema da identidade da catequese, como ação eclesial missionária, com base em dois traços identitários fundamentais: o querigmático e o catecumenal. Ambos entendem a inspiração catecumenal como eixo renovador.

1.1 Um mundo fragmentado e em constante mutação

A leitura que faremos aqui é expressão de um olhar teológico a partir dos estudos no campo das ciências humanas, além das análises contidas no magistério da Igreja. O documento de Aparecida, no seu método de ver a realidade, já constatava que vivemos num período de "mudança de época" (DA, n. 44) no qual a crise de sentido, oriunda dos influxos da modernidade, é marca de nosso tempo. Essa crise de sentido se instaura em uma forma de viver que deslocou a vida do centro das relações. A vida humana, a vida dos seres criados, a vida do planeta, passa a segundo plano em virtude de uma sociedade na qual o lucro e o poder regem todas as formas de ser (EG, n. 52-60). Esse deslocamento foi sendo gestado a partir do início da Idade Moderna, quando o ponto de partida para toda leitura do mundo se torna o "eu", "excêntrico", fora do mundo dos objetos (Gumbrecht, 1998, p. 12). O sujeito pensante é o porto seguro para o conhecimento, a ótica de interpretação do mundo passa a ser do eu humano: o sujeito se põe diante do objeto, que tem superfície e profundidade, de modo que é preciso transcender para chegar à profundidade; porém, se o conhecimento é produzido pelo sujeito, de acordo com a "posição" do sujeito, teremos um tipo de conhecimento. É a "crise de representabilidade" (Gumbrecht, 1998, p. 18), que desembocará nas vanguardas históricas expressadas nas artes e na literatura dos movimentos cubista, expressionista e dadaísta, os quais promovem uma erosão entre significante e significado, que já aponta para o fim do ideal da Idade Moderna.

O ideal da modernidade iluminista no qual a razão, mormente a ciência, formaria uma nova humanidade livre das amarras da religião, capaz de responder e solucionar todas as questões, fracassa com o lançamento da bomba atômica em Hiroshima e Nagasaki. É a evidência de que a paz almejada não seria alcançada e os ideais da Revolução Francesa fracassaram. Depois de duas grandes guerras mundiais e a descoberta dos campos de concentração em Auschwitz, o homem sente sua segurança na terra ameaçada e não encontra apoio nem respostas nas grandes narrativas: eis a crise de sentido, a crítica à modernidade. A pergunta "Onde está Deus?" em Auschwitz exigiu um esforço da teologia para superar o aparente silêncio de Deus: Ele está no campo com os torturados, com os prisioneiros, está na cruz onde sofreu tudo o que sofremos e que iremos sofrer (Moingt, 2010, p. 83-103). No entanto, a suspeita está lançada e o ateísmo começa a se expandir na Europa; estaria o cristianismo no fim? Apesar dos prognósticos do fim do cristianismo ou da morte de Deus, o Deus cristão continua a nos interpelar, no Espírito, e a convocar profetas, homens e mulheres para conduzir sua Igreja e para observar a realidade, denunciando a fome, a desigualdade social, as catástrofes ambientais, as quais são resultados da ação desmedida do pecado social e ambiental. Os documentos magisteriais apontam as desigualdades de um mundo fragmentado, com uma mentalidade individualista e individualizante, que pode levar à destruição de todo planeta (LS, n. 57).

Essa fragmentação é resultado de uma subjetividade que rompe com a integralidade do ser humano (DA, n. 44). O ser humano é um ser relacional, um ser que só se constitui plenamente na abertura ao outro, ao mundo e a Deus. A mentalidade centralizadora no eu que emerge a partir do século XVIII[1], e se aprofunda no encontro com o desejo capitalista de domínio de bens e de pessoas, resulta numa vida fragmentada na qual cada um cuida de si e o outro é um problema: o pobre que sofre, o migrante que ocupa o lugar do nativo no trabalho, a religião que não é a minha. A referência sou eu mesmo, é a autorreferencialidade que exclui em um mundo no qual fomos ensinados a competir: "Hoje, tudo entra no jogo da competitividade e da lei do mais forte, onde o poderoso engole o mais fraco" (EG, n. 53). O ser humano se tornou um bem que pode ser descartado, vive-se para consumir, é a cultura do descarte na globalização da indiferença (EG, n. 53-55). Nesse processo busca-se sempre a novidade a ser consumida e, em seguida descartada; num constante passar, tudo passa, se dissolve, de um modo veloz, gerando uma sociedade em ritmo constante de mudança e de movimento.

A pandemia cessou a locomoção das pessoas, mas não cessou o movimento virtual do mercado nem o acontecer do mundo da internet. Essas considerações apontadas acerca do estágio civilizacional no qual encontra-se a humanidade não significam que o magistério ou a teologia se posicionem contra o mundo moderno e contemporâneo e sonhem com uma volta ao passado. É óbvio que são inúmeros os aspectos positivos no campo da ciência, da medicina, dos direitos humanos etc., oriundos do mundo moderno, no entanto é preciso olhar para as dores atuais da humanidade e encontrar caminhos que dignifiquem o ser humano e o mundo criado. É missão da Igreja mostrar que Deus é um bem à sociedade,

---

1. A emergência do "eu" cartesiano marca o surgimento do eu-indivíduo e "é a primeira precondição estrutural do início da modernidade" (Gumbrecht, 1998, p. 12).

que a religião tem o dever de levar os homens ao encontro do amor misericordioso de Deus para transformar efetivamente a vida e colaborar na construção de um mundo mais humano.

Desde o Concílio Vaticano II, a consciência de que é preciso uma nova postura da Igreja diante da realidade vem crescendo, e a Igreja na América Latina, em suas conferências, adota o método de ver-julgar-agir a fim de buscar orientações pastorais que aproximem a Igreja da realidade e se possa estabelecer um diálogo no qual o Evangelho progressivamente se encarne no mundo e produza frutos. O documento de Aparecida, nessa linha, faz uma análise da realidade e abre amplos horizontes:

> Aparecida mostrou que a desafiadora realidade carregava consigo elementos novos, não considerados pelas conferências anteriores porque, na época delas, tais elementos não tinham adquirido a força de que se revestiram no final do século XX e no início do século XXI (Amado, 2018, p. 71).

Os números 33 a 44, segundo Amado, apresentam a perspectiva de Aparecida para compreender a realidade: as mudanças (Amado, 2018, p. 71). Mudanças diferentes de outras épocas em função do fenômeno da globalização que acelerou as próprias mudanças em virtude da comunicação que atinge todas as regiões do planeta (DA, n. 34). Esse fenômeno expansivo impacta todos os campos, o científico, o político, o social, o religioso, e forma uma realidade cada vez mais complexa, à qual nem sempre se tem acesso por conta da velocidade da informação e do desfazimento das certezas, o que torna a realidade "cada vez mais sem brilho," gerando a "crise de sentido". No número 44, o documento apresenta o ponto central para a reflexão pastoral:

> Vivemos uma mudança de época, e seu nível mais profundo é o cultural. Dissolve-se a concepção integral do ser humano, sua relação com o mundo e com Deus; aqui está precisamente…Quem exclui Deus de seu horizonte, falsifica o conceito da realidade e só pode terminar em caminhos equivocados e com receitas destrutivas (DA, n. 44).

Diante da realidade de mudança de época, de crise de sentido e de um mundo fragmentado, o ser humano se sente meio impotente, confuso em virtude de tantos problemas para enfrentar, daí que procura soluções imediatas, de modo que o campo religioso se torna espaço tão somente terapêutico no qual se busca a cura das doenças, almeja-se um emprego, uma vida melhor; assim, esvazia-se o espaço profético do religioso e emergem alguns fenômenos, como uma espiritualidade individualizante, subjetivista, que despreza o espaço histórico como lugar da presença de Deus, uma falta de pertença comunitária, um escapismo numa forma de espiritualidade esotérica, a religião vista de uma forma mágica (cf. Brighenti, 2021, p. 102-122).

Apesar dos esforços da Igreja para mudar mentalidades desde o Vaticano II, passados mais de cinquenta anos da reforma pastoral implantada pelo Concílio, é visível a presença no interior da Igreja de grupos com mentalidade pré-conciliar, um desejo de retorno aos formalismos tanto no campo litúrgico quanto na proposta eclesiológica, num saudosismo intimista. Torna-se evidente que há muitos desafios a enfrentar apontados pelos documentos, bem como reflexões da Igreja ao longo desses anos que eclodem no magistério de Francisco. No campo da iniciação à vida cristã, apesar das várias ações refletidas e implementadas pela Igreja a partir dos documentos magisteriais que insistem que a paróquia é uma casa de iniciação (DA, n. 293), no que tange a algo mais concreto ainda estamos distantes desse ideal, uma vez que a iniciação continua, prioritariamente, sendo tarefa dos catequistas apenas como uma preparação para os sacramentos. Observa-se amiúde que, depois da celebração dos sacramentos, os iniciados não voltam à Igreja, como se tivessem terminado um curso escolar. A percepção que a maioria dos fiéis tem quanto aos sacramentos ainda permanece de que são tão somente atos celebrativos sociais, de modo que a iniciação à vida cristã é muitas vezes a finalização da vida cristã (cf. Sotomayor, 2003, p. 13), pois sem a vivência comunitária não se vive uma vida sacramental plena: "São muitos os cristãos que não participam da eucaristia dominical nem recebem com regularidade os sacramentos, nem se inserem na comunidade" (DA, n. 286).

Dentro desse mundo fragmentado, fragmentou-se a relação entre vida e sacramentos e, dentre as muitas causas, apontamos a perda de seu sentido pleno como uma delas; o viver se afastou do celebrativo, de modo que a sociedade cristã convive com absurdos, os quais testemunham contra o cristianismo. O documento de Puebla já indagava se de fato vivemos o Evangelho de Cristo (DP, n. 76). Viver o Evangelho implica viver como se celebra, e se os sacramentos ainda são tidos apenas como um ato social, ou como uma celebração ao final da catequese, não se vive a espiritualidade própria da Igreja, recorre-se a outras formas de espiritualidade que mais dividem do que unem.

Diante dessa fragmentação de vida e oração, de vida e sacramentos, de vida e comunidade, Aparecida se tornou um marco que influenciou diversas discussões e documentos ao ressaltar a necessidade de se repensar o processo de iniciação cristã de uma maneira integral do querigma ao mistagógico (DA, n. 289-294) a fim de formar discípulos. Dessa forma, Aparecida aponta o caminho de "recomeçar" (DA, n. 529), de "sair ao encontro das pessoas, das famílias, das comunidades e dos povos para lhes comunicar e compartilhar o dom do encontro com Cristo, que tem preenchido nossas vidas de 'sentido', de verdade e de amor, de alegria e de esperança" (DA,n. 548). Formar discípulos-missionários num retorno à dimensão profética do cristianismo, a qual se constitui da Palavra à experiência sacramental. Os primeiros cristãos tinham uma vivência querigmático-mistagógica (Palavra-oração-amor-vida) num círculo que levou a Igreja a crescer e a testemunhar o Evangelho com a própria vida, a formar discípulos-missionários. Esse clamor de Aparecida encontra eco e continuidade no magistério de Francisco.

1.2 Provocações do magistério do Papa Francisco: a dimensão missionária querigmático-mistagógica

O Magistério do Papa Francisco, seguindo o programa evangelizador aberto pelo Vaticano II e impulsionado pelos papas anteriores[2], a partir do sínodo dos bispos de 2012, convoca a Igreja a adentrar em uma nova etapa de evangelização para transmitir a fé (EG, n. 14) e a passar "de uma pastoral de mera conservação para uma pastoral decididamente missionária" (EG, n. 15); trata-se da proposta da Igreja "em saída", aberta a evangelizar a todos sem exclusões. Nela, apresentada na Exortação apostólica *Evangelii Gaudium*[3], o papa sugere uma evangelização que nasça em uma intimidade com a Palavra viva em um caminho de formação mais pessoal: "A Igreja 'em saída' é a comunidade de discípulos missionários que "tomam a iniciativa, que se envolvem, que acompanham, que frutificam e festejam" (EG, n. 24). A evangelização não é uma tarefa solitária, é tarefa da comunidade, ela é o sujeito evangelizador, é uma "comunidade missionária" que não fica à espera de que venham a ela, mas que vai ao encontro daqueles que estão afastados física e existencialmente.

Os desafios que se apresentam à realidade pastoral exigem uma mudança de posicionamento, pois é preciso formar uma mentalidade cristã, formar um homem novo, pois como no início do cristianismo, não vivemos mais a cristandade, na qual a fé era transmitida pelas gerações; ademais, vivemos uma mentalidade individualista que atinge os próprios cristãos. Por isso, a evangelização é para todos, para os que vivem a fé e precisam crescer, para os batizados que

---

2. Dez anos depois do Concílio Vaticano II, a *Evangelii Nuntiandi* se "apresentou como uma espécie de 'bússola' e propôs-nos a recuperação do ardor evangelizador," ocasionando frutos e sendo inspiração de projetos pastorais da Igreja. (Moraes, 2014, p. 35-36).

3. A Exortação apostólica *Evangelii Gaudium* pode ser considerada como um projeto programático de seu pontificado. Ela será o guia de nossa análise.

não vivem plenamente a sua fé, e para os que "não conhecem Jesus Cristo ou que sempre o recusaram" (EG, n. 14). Por conseguinte, toda pastoral deve colocar-se em estado de conversão e de missão, pois a comunidade é evangelizada e evangeliza. Cada cristão, cada pastoralista deve posicionar-se como discípulo missionário, abrir-se ao sopro de renovação do Espírito: "Constituamo-nos em 'estado permanente de missão', em todas as regiões da terra" (EG, n. 25). Evangelizar é crescer na fé, é se envolver e envolver, como Jesus se envolvia com os discípulos e os envolvia, o que gerava aproximação e uma relação, uma troca que se traduz numa vivência, um conhecer: "Os evangelizadores contraem assim o 'cheiro de ovelha', e estas escutam a sua voz" (EG, n. 22). Escutar a voz significa seguir, atender ao chamado, que não é simples nem fácil, de modo que é necessário acompanhamento. Com paciência e tolerância, a comunidade deve estar disposta a acompanhar, tornar-se companheira, sem limitações, sem medo, na força da Palavra que transforma, como a semente jogada que às vezes demora a frutificar. Por isso, deve estar atenta aos frutos:

> O semeador, quando vê surgir o joio no meio do trigo, não tem reações lastimosas ou alarmistas. Encontra o modo para fazer com que a Palavra se encarne numa situação concreta e dê frutos de vida nova, apesar de serem aparentemente imperfeitos ou defeituosos (EG, n. 24).

É preciso esperar porque quem age é Deus. Ao final, a comunidade festeja, celebra cada passo da evangelização: "A Igreja evangeliza e se evangeliza com a beleza da liturgia, que é também celebração da atividade evangelizadora e fonte de um renovado impulso de se dar" (EG, n. 24). Evangelizar é iniciar, num processo "capaz de envolver e dialogar com a racionalidade (cabeça), a afetividade (coração) e a operacionalidade (mãos e pés da pessoa humana)" (Moraes, 2014, p. 43). A iniciação à vida cristã, em uma perspectiva missionária, implica, principalmente, abandonar a comodidade (sempre se fez assim) e ousar, usar da criatividade, repensando "os objetivos, as estruturas, o estilo e os métodos evangelizadores" (EG, n. 33).

A transmissão da fé deve se concentrar no que é mais importante e essencial, sem se fixar apenas em transmitir doutrinas (EG, n. 35); deve retornar ao coração do Evangelho, fonte da alegria missionária, mas também meio de comunicar a mensagem, de modo que é preciso contextualizá-la para que as verdades da fé não fiquem mutiladas ou fora de contexto (EG, n. 40-41). Anunciar o Evangelho é missão de toda a Igreja, em todos os tempos e lugares, "a diversidade cultural não limita a unidade da Igreja," pois o Espírito presente na comunidade é formador da comunhão assim como Ele "é o vínculo de amor entre o Pai e o

Filho" (EG, n. 117). A iniciação à vida cristã, no magistério de Francisco, é chamada a uma renovação, numa pedagogia evangelizadora, que implica uma nova relação entre catequese e sacramentos na ótica de duas dimensões: a querigmática e a mistagógica (cf. Moraes, 2014, p. 265).

Uma iniciação à vida cristã à luz de uma pedagogia evangelizadora implica um olhar para o catecumenato, uma maneira de iniciar dos primeiros cristãos. Foi o que fez o Concílio Vaticano II ao restaurar o catecumenato (SC, n. 64). Contudo, conhecem-se os grandes desafios da iniciação à vida cristã, que, seguindo a história da Igreja, fixou-se numa catequese doutrinal, tanto dos manuais quanto dos catecismos. Tal catequese não demonstrava incômodo devido à época de cristandade, quando a fé era praticamente transmitida de geração a geração. Atualmente, a situação epocal é diferente, o que conduz a iniciação à vida cristã a revisar seus processos de transmissão da fé. O magistério de Francisco quer dar um passo a mais, em conformidade com o caminho que os pastoralistas vêm desenvolvendo; assim, uma iniciação que tenha uma pedagogia evangelizadora deve conduzir os fiéis a uma nova vida a partir do encontro com o mistério: a Palavra que conduz a uma experiência que dá frutos para a comunidade eclesial e para a comunidade humana. Dois são os elementos centrais dessa pedagogia evangelizadora: o querigma e a mistagogia.

O documento de Aparecida já apontava a urgência de um processo de iniciação que começasse pelo querigma e que, guiado pela Palavra de Deus, levasse gradativamente a um encontro pessoal com Cristo, "à conversão, ao seguimento em uma comunidade eclesial e a um amadurecimento de fé na prática dos sacramentos, do serviço e da missão" (DA, n. 289). Aparecida também relembrava a importância de uma "catequese mistagógica" (DA, n. 290). A Exortação apostólica *Evangelii Gaudium* vai recuperar e aprofundar o sentido de uma catequese querigmática e mistagógica. Em consonância com o caminho percorrido pelo movimento catequético (Moraes, 2014, p. 263-234), o documento salienta que o querigma é uma dimensão fundamental da catequese e que precisa ser redescoberta:

> Voltamos a descobrir que também na catequese tem um papel fundamental o primeiro anúncio ou *querigma*, que deve ocupar o centro da atividade evangelizadora e de toda a tentativa de renovação eclesial. O *querigma* é trinitário. É o fogo do Espírito que se dá sob a forma de línguas e nos faz crer que em Jesus Cristo, que, com a sua morte e ressurreição, nos revela e comunica a misericórdia infinita do Pai (EG, n. 164).

O querigma ou primeiro anúncio não se insere numa etapa pré-catequética, mas é o centro de toda atividade evangelizadora. A catequese recupera o seu sentido mais próprio de "fazer ressoar" (DC, n. 55) sem perder a sua função de aprofundamento dos conteúdos da fé. Esse anúncio ressoa na boca do catequista no impulso do Espírito, que é quem nos faz crer que Jesus Cristo morreu e ressuscitou, revelando a face misericordiosa do Pai (EG, n. 164). A primazia do querigma é qualitativa e ordenativa:

> Ao designar-se como "primeiro" este anúncio, não significa que ele se situa no início e que, em seguida, se esquece ou substitui por outros conteúdos que o superam; é o primeiro em sentido qualitativo, porque é o anúncio *principal*, aquele que sempre se tem de voltar a ouvir de diferentes maneiras e aquele que sempre se tem de voltar a anunciar, de uma forma ou de outra, durante a catequese, em todas as suas etapas e momentos (EG, n. 164).

O *querigma* não é um conteúdo inicial e que depois se esquece, ele é o principal, é o centro da catequese e de toda a vida cristã; cada vez que se volta a ele se cresce na fé e no amor, porque é por meio do aprofundamento desse anúncio que iniciamos, crescemos e amadurecemos na fé; dele provém o sentido da vida:

> O primeiro anúncio ou querigma, que expressa a noção de pregação do Evangelho pelos apóstolos e pela Igreja primitiva, é a raiz da fé cristã. No centro da pregação ou do anúncio está o que Deus realizou em Jesus, que Ele é o Senhor, a apresentação de sua vida, morte e ressurreição como salvação para a humanidade. O querigma é o primeiro passo para suscitar a fé inicial em Jesus Cristo, e a partir da adesão à fé, ele será a fonte de onde emana o sentido de viver (Pereira, 2019, p. 18).

A fé cristã nasce da pregação dos apóstolos, testemunhas do Deus que morreu na cruz e ressuscitou, o Deus vivo que modificou suas vidas e continua presente pelo Espírito em sua Igreja, que continua a anunciar esse amor para que todos possam viver e experimentar. Aprofundar o querigma implica conhecer os passos de Jesus, aproximar-se, entrar em intimidade com ele e a partir dele, e, assim, não há nada de mais consistente do que esse anúncio que ilumina a atividade catequética e toda formação cristã. Aquele que anuncia vai sendo evangelizado também, só pode anunciar quem já se sentiu tocado pelo anunciado, por sua vida, por seu amor, por seu mistério. O querigma perpassa toda a iniciação, ele é a raiz dos sacramentos que não podem mais ser pensados como uma celebração com o fim em si mesma. O anúncio da Palavra encontra sua ambiência no espaço simbólico a fim de conduzir a pessoa humana a uma resposta integral. O simbólico é o campo extensivo da Palavra por meio do qual o ser humano tem condições de transcender e se abrir à oferta de Deus. É o espaço mistagógico, que não é apenas um depois do celebrar, mas que constitui o campo relacional catequese-sacramentos sem ser uma sacramentalização. Daí que outra característica da catequese é a "iniciação mistagógica"[4].

O documento define "iniciação mistagógica" como "a necessária progressividade da experiência formativa na qual intervém toda a comunidade e uma renovada valorização dos sinais litúrgicos da iniciação cristã" (EG, n. 166). A mistagogia é o campo da experiência, no qual por meio dos gestos, dos símbolos litúrgicos e sacramentais, se expressa a dimensão de comunhão da Igreja, integrando conhecimento, oração e vida. Uma catequese como "iniciação mistagógica" insere-se no âmbito experiencial e existencial, de modo que precisa, portanto, redescobrir uma nova maneira de integrar todas as instâncias de educação da fé:

> Deixando-se interpelar pela sua dimensão mistagógica, a catequese torna-se um tirocínio ou "noviciado" de vida cristã, através de uma experiência que compreende e integra o conhecimento (aspectos doutrinários) do mistério com a celebração (liturgia) da fé, em vista de uma experiência comunitária (vivência eclesial) e do exercício do empenho (ética) cristão no mundo (Moraes, 2014, p. 271).

Para refletir acerca de uma catequese como iniciação mistagógica é preciso repensar o sentido dos sacramentos à luz do termo mistério, pois iniciar é mergulhar no mistério de Cristo, em sua vida, em seus gestos, atitudes, passos, é conformando-se a ele, na alegria e no amor, e assim tornar-se um discípulo missionário. Em tempos de vazio existencial, de crise de sentido, de busca por um sentir alienante da vida, é preciso recuperar a mística da iniciação à vida cristã por intermédio do mergulho no mistério, no crescimento do amor na comunhão trinitária que se expressa em sua Igreja na Palavra, na catequese, nos sacramentos. É a via da beleza espiritual que estimula a encontrar novos caminhos de expressão do Evangelho: "É preciso ter a coragem de encontrar os novos sinais, os novos símbolos, uma nova carne para a transmissão da Palavra…" (EG, n. 167).

Essas palavras de Francisco que, na verdade, são resultado de uma reflexão da Igreja desde o Concílio, nos convidam à ousadia de pensar os sacramentos da iniciação em linha direta com o que é mais originário: a dinâmica

---

[4]. "O termo mistagogia vem do grego *mystes*, que significa iniciado, e *agein*, que significa conduzir. Etimologicamente, tem o sentido de ser conduzido para o interior dos mistérios" (Costa, 2014, p. 78).

encarnatória da salvação, os sacramentos como espaço de transcendência, de experiência de Deus. Uma iniciação à vida cristã em dimensão mistagógica pressupõe: o aprofundamento da inspiração catecumenal; a passagem de uma catequese a ser menos escolarizante e mais experiencial e a recuperação do sentido sacramental do batismo, da crisma e da eucaristia em unidade. É o que somos convocados a realizar nessa nova etapa evangelizadora. Salientamos dois documentos importantes que apresentam propostas de uma iniciação à vida cristã nessa nova etapa de evangelização: O documento 107 da CNBB, *Iniciação à vida cristã: itinerário para formar discípulos missionários* e o *Diretório para a Catequese de 2020*.

1.3 Um novo processo de iniciação à vida cristã: o documento 107 da CNBB

O documento 107 da CNBB, Iniciação à vida cristã: itinerário para formar discípulos missionários, é resultado de um longo caminhar da Igreja e foi aprovado na 55ª Assembleia Geral da Conferência Nacional dos Bispos do Brasil, em Aparecida/SP, na celebração dos 300 anos do encontro da imagem de Nossa Senhora da Conceição Aparecida. O local escolhido reveste o significado do Documento de Aparecida para a Igreja do Brasil e do mundo[5]: evangelizar é formar discípulos missionários e todas as instâncias da Igreja se revestem desse caráter missionário, núcleo fundamental do magistério de Francisco. Nesse caminho evangelizatório, a iniciação à vida cristã, e tudo que envolve a educação da fé (catequese, sacramentos, família), necessita ser tematizado, pois há uma potência transformadora na iniciação. Iniciar na vida cristã implica conhecer e seguir os passos de Jesus (Doc 107, 2017; apresentação), não basta apenas conhecer orações e frequentar as missas, participar de uma pastoral de maneira burocrática na paróquia; é preciso mais, é necessário um envolvimento a partir das atitudes de Jesus, dos sentimentos de Jesus, é preciso um envolvimento baseado na alegria que transborde no amor do discípulo missionário.

O documento se divide em quatro capítulos, uma introdução e uma conclusão. No primeiro capítulo, a partir da imagem do texto bíblico do encontro entre Jesus e a samaritana[6], o documento apresenta os passos da iniciação ao

---

[5]. A proposta de Aparecida se reveste de uma perspectiva universal (cf. Amado, 2018, p. 65-90).

[6]. "Optou-se por uma *perícope inteira*, como paradigma da nova proposta pastoral, ou seja: a dinâmica mistagógico-iniciática do catecumenato" (Lima, 2018, p. 43).

discipulado de Jesus Cristo, e, nos capítulos posteriores, segue o método ver-julgar-agir. Dessa forma, no segundo capítulo, o texto evoca o Documento de Aparecida no contexto de "mudança de época" no qual vivemos, relembrando o caminho percorrido pela Igreja ao longo da história e apontando a necessidade de um novo caminho. O terceiro capítulo tem como centro tematizar a iniciação à vida cristã com inspiração catecumenal, "que é o eixo central e unificador de toda ação evangelizadora e pastoral" (Doc 107, n. 76), salienta o sentido de mistério de Cristo para a Igreja, a importância do Rica e a importância dos sacramentos da iniciação. O quarto capítulo propõe caminhos de ação a partir do que foi apresentado nos capítulos anteriores.

Observa-se que a iniciação muito avançou com o impulso do Vaticano II e a recuperação adequada ao nosso tempo do catecumenato, com a grande produção de documentos e a realização de diversos Sínodos "sobre temas fundamentais, como: a evangelização, a catequese, a família, a Palavra de Deus, a eucaristia, a vocação e missão dos leigos e leigas" (Doc 107, n. 48). A Igreja do Brasil deu seguimento às orientações e produziu vários documentos nos quais já se demonstrava o desejo de renovar a iniciação de uma forma mais autêntica, como "o encontro com o Senhor, na vida em sociedade, na fraternidade cristã, na participação da liturgia e na missão eclesial" (Doc 107, n. 49).

Toda essa reflexão e renovação conduz à compreensão de que a iniciação não é tarefa do catequista ou de um grupo de catequistas, tampouco de uma pastoral; iniciar é um processo global e é preciso que toda comunidade eclesial se comprometa nesse processo. A comunidade deve se tornar "casa da iniciação à vida cristã" (Doc 107, n. 50). Essa constatação envolve uma necessária mudança na relação entre as pastorais, pois é um convite a sair de seu espaço delimitado e abrir-se num processo dinâmico e até imprevisível. É a "urgência de um novo processo de iniciação à vida cristã" que exige de todos os pastoralistas "humildade, atitude de acolhida, criatividade e capacidade dialogal" (Doc 107, n. 56). Por isso, a "inspiração catecumenal" é uma dinâmica, uma pedagogia mística[7] e um itinerário mistagógico que leva ao coração do Evangelho, ao encontro pessoal com o amor de Deus que nunca se esgota (Doc 107, n. 56). Essa pedagogia de inspiração catecumenal tem como fonte o modelo da Igreja antiga, na qual havia uma intrínseca relação entre liturgia-sacramentos e catequese que envolvia "espiritualidade, oração, celebrações e ritos, enfim, em um clima mistagógico" (Doc 107, n. 70), porém, não se trata de reproduzir um modelo ou estilo de formação na fé, trata-se de buscar uma inspiração, uma luz para um novo caminho que unifique

---

7. Pedagogia não como método escolar, mas como um caminho a Deus.

a ação evangelizadora e pastoral (Doc 107, n. 76). O termo "mistagogia" vem de "mistério", o qual está na origem do sacramento e, no Novo Testamento, "é um acontecimento realizado na história e oferecido como salvação a todos os seres humanos" (Doc 107, n. 83).

O acontecimento é uma pessoa, Jesus Cristo, e a iniciação à vida cristã deve conduzir ao encontro com esse mistério, tornando-se a urgência central na qual as outras[8] urgências (Igreja em estado permanente de missão; Igreja como lugar da animação bíblica da vida e da pastoral; Igreja comunidade das comunidades; e Igreja a serviço da vida plena de todos) encontram-se subsumidas no processo de evangelização[9]. Dessa forma, a Igreja deve ser "casa da iniciação à vida cristã" em estado permanente de missão, com os processos de transmissão da fé centrados na Palavra, na liturgia, nos sacramentos, em suma, numa integralidade a fim de formar comunhão: "A comunidade eclesial é o lugar da iniciação à vida cristã e da educação da fé dos adultos, jovens, adolescentes e crianças" (Doc 107, n. 67). A comunidade iniciadora age a partir do "Evangelho da vida" da mensagem de Jesus (Doc 107, n. 68). Essa era a forma evangelizadora dos primeiros cristãos que a Igreja intenta voltar como uma fonte para a caminhada atual, é a inspiração catecumenal que, na condição de "inspiração", pressupõe ser um eixo condutor da ação evangelizadora e pastoral, objetivando "a formação inicial e, ao mesmo tempo, permanente do discípulo missionário de Jesus Cristo" (Doc 107, n. 76). A iniciação à vida cristã de inspiração catecumenal traz a necessidade de compreensão do termo mistério, uma palavra de origem grega que está na raiz do termo iniciação e na origem de sacramento. Desse modo, iniciar é mergulhar no mistério; o número 85 do documento deixa claro o sentido teológico e eclesial do mistério:

> O mistério carrega um aspecto de segredo: ele é experimentado e seguido pelos iniciados. Mas há também a necessidade de anúncio, de proclamação da Boa-Nova. Assim, aquele que se deixa envolver pelo mistério é chamado a dar testemunho para que outros possam igualmente viver essa experiência (Doc 107, n. 85).

O mistério é o projeto de amor de Deus revelado em Cristo, o qual entrou na história, e, com sua vida, morte e ressurreição nos leva a conhecer o Pai. Iniciar na vida cristã é penetrar nesse mistério por intermédio da Igreja, da comunidade: "[…] consiste na imersão mística, sacramental e real da pessoa no mistério de

---

8. As cinco urgências do documento 85 da CNBB, DGAE 2015-2019.

9. As cinco urgências permanecem atuais e são reagrupadas a partir dos quatro pilares: Palavra, Pão, Caridade e Ação Missionária. A IVC insere-se no pilar da Palavra com a animação bíblica (Doc 109).

Deus, de Cristo, da Igreja, dos Sacramentos" (Lima, 2018, p. 46). Assim, a iniciação à vida cristã apresenta duas dimensões teológicas fundamentais: a cristológica, que leva à trinitariedade do Deus cristão, e a eclesiológica-pneumática, pois o mistério de Cristo é vivido na Igreja no impulso do Espírito, tornando-se, assim, uma realidade "sacramental". Dessa forma: "A graça que se realiza em suas ações sacramentais é um acontecimento transbordante da Páscoa do Senhor" (Doc 107, n. 89). A Igreja realiza a iniciação por meio de um processo com etapas e tempos apresentados no Rica, que formam um itinerário de iniciação, sendo a mistagogia uma etapa importante. *O ritual de iniciação cristã de jovens e adultos*, publicado em 1972, apresenta um itinerário e um fazer pastoral em forma catecumenal, salientando gradualmente os tempos e os ritos. Divide o processo de iniciação em quatro tempos: o primeiro, o pré-catecumenato, tempo do Evangelho, do querigma, do anúncio; o segundo é o tempo do catecumenato, o da catequese na dimensão do ensinamento; o terceiro é o tempo da purificação e iluminação, época de preparação intensa para a celebração dos sacramentos; e o quarto tempo, é o pós-celebração, o tempo da mistagogia (Rica, n. 4-40).

Assim, "iniciar" é um processo muito mais profundo e existencial do que ensinar" (Doc 107, n. 122). Essa constatação é importantíssima e aponta para a relação entre sacramentos e iniciação, bem como para a necessidade de se rever o sentido de sacramentos. Na origem da Igreja havia uma relação integral entre os sacramentos, o iniciar e a catequese que ao longo da história foi se fragmentando e perdeu-se o sentido de sacramentos como evento salvífico. O documento 107 aponta aspectos teológicos fundamentais para reflexão acerca dos sacramentos da iniciação à vida cristã: superar a fragmentação entre batismo, crisma e eucaristia (Doc 107, n. 126); os sacramentos da iniciação – batismo, crisma, eucaristia – iniciam no mistério de Cristo e da Igreja, portanto, a iniciação à vida cristã se refere tanto à preparação catequética catecumenal quanto aos próprios sacramentos "que marcam a iniciação e a vida nova que deles nasce" (Doc 107, n. 124). É necessário que se recupere a compreensão dos sacramentos na sua dimensão de mistério e concomitantemente se recupere "a unidade pastoral entre os três sacramentos da iniciação à vida cristã" (Doc 107, n. 126).

A unidade dos sacramentos de iniciação à vida cristã ajuda a compreender de maneira mais unitária o percurso da iniciação. Ao longo da história, os sacramentos foram se separando, quebrando a unidade da iniciação, esquecendo-se que a origem dessa relação unitária está na economia salvífica, na manifestação trinitária de Deus a partir de Cristo (cf. Doc 107, n. 129). Os sacramentos da iniciação à vida cristã expressam o acontecimento salvífico do mistério em Cristo;

assim, pelo batismo nos tornamos filhos no Filho para que, ungidos na crisma, possamos viver e nos alimentar da comunhão eucarística.

A inspiração catecumenal é um caminho de renovação para a iniciação à vida cristã no tempo atual, pois ela evoca a relação entre o anúncio e o mistério, contribui para reconfigurar o sentido de catequese e de sacramentos numa visão integradora e no seu lugar mais próprio: a comunidade. O documento no último capítulo traça considerações práticas para a iniciação à vida cristã a partir da formação de um projeto diocesano de iniciação que tenha como fundamento a Palavra de Deus e a inspiração catecumenal em uma Igreja em saída (Doc 107, n. 141). Salienta também o Rica como o condutor de um "itinerário que avance por etapas e tempos sucessivos" (Doc 107, n. 139), esclarecendo que "quem dá o ritmo e conduz o processo, é o Rica!" (Lima, 2018, p. 49). Dentre as nove características do Projeto[10], dá-se relevo a estas: a Palavra de Deus como fundamento; a garantia da unidade entre os sacramentos do batismo, da crisma e da eucaristia; a promoção de uma integração entre liturgia e catequese; uma catequese catecumenal que contemple as dimensões de uma pastoral de conjunto e não vise somente à preparação dos sacramentos (Doc 107, n. 143). O documento elenca metas e propostas concretas de como desenvolver os quatro tempos catecumenais, bem como aponta a necessidade de estudos de aprofundamento para oportunizar a sequência original do sacramento da iniciação, conforme as primeiras comunidades, e em consonância com o ensinamento de Bento XVI quanto à eucaristia: "Assim, como ensina Bento XVI, a eucaristia torna-se o sacramento para o qual 'tende toda a iniciação'" (Doc 107, n. 240).

As reflexões e propostas do documento 107 vão encontrar conexões no *Diretório para a catequese de 2020*: a inspiração catecumenal como eixo pedagógico para a catequese, a necessidade de renovação pastoral querigmático-mistagógica, catequese e sacramentos de iniciação em íntima união, a afirmação da necessária unidade dos sacramentos da iniciação à vida cristã e as implicações teológicas, a dimensão mistagógica em todo itinerário catequético. O Diretório assume a expressão iniciação à vida cristã, já utilizada na Igreja do Brasil.

1.4 O Diretório para a catequese de 2020

O *Diretório para a Catequese de 2020*, em consonância com os diretórios que o precederam e com os documentos magisteriais a respeito da iniciação, indica caminhos de renovação da catequese. O Diretório divide-se em três grandes

---

10. As nove características "propriamente resumem a identidade da IVC" (Lima, 2018, p. 49).

partes, com 12 capítulos, uma introdução e uma conclusão. Logo na Introdução (1-10) insere os dois alicerces da catequese no processo evangelizador próprio: o querigma e a mistagogia, em inspiração catecumenal, em consonância com o magistério de Francisco na *Evangelii Gaudium*. Portanto, o Diretório deseja externar uma releitura da natureza e da finalidade da catequese, visando a "aprofundar o papel da catequese na dinâmica da evangelização" (DC, n. 1-5). Trataremos aqui do capítulo II, na primeira parte, a fim de salientar os caminhos de renovação que o documento objetiva.

No capítulo II, ao tratar da identidade da catequese no primeiro parágrafo (n. 55) apresenta-a como uma ação eclesial, portanto, missionária, conforme a etimologia de seu nome expressa, o que indica que a tarefa essencial da catequese é anunciar o Evangelho a cada pessoa e introduzir à celebração do mistério[11]. A catequese hoje é convocada a uma ação mais ampla do que em outras épocas, ela não pode ser mais apenas uma etapa de ensinamento destinada aos que já receberam o primeiro anúncio, pois, na complexidade dos tempos atuais, mesmo os que já receberam os sacramentos não conhecem devidamente a fé cristã e, além disso, "um anúncio formal que se limita à crua enunciação dos conceitos da fé não permite uma compreensão da fé" (DC, n. 56). A catequese sempre foi o espaço de ensinamento e aprofundamento doutrinal para os já evangelizados, no entanto, a Igreja pós-conciliar vem apontando a necessidade de evangelizar a todos, até mesmo os já batizados, e o magistério de Francisco convoca toda a Igreja a evangelizar e a se reevangelizar[12]. Diante disso, a catequese, como um dos principais processos de transmissão da fé, é convocada a assumir o papel que exerceu na origem da Igreja e na sua própria origem: exercer dois traços identitários a partir da sua configuração eclesial (DC, n. 55): o querigmático e o catecumenal. A Igreja nasce do anúncio do Senhor testemunhado pelos apóstolos e se desenvolve na atividade catecumenal. Como ação de natureza eclesial, a catequese deve cumprir o mandato missionário do Senhor: anunciar o Evangelho a todas as nações, batizando e ensinando. Nesse mandato, sintetiza-se o significado central de ressoar da catequese[13], fazer *ressoar* continuamente o anúncio da Páscoa do Senhor a fim de tocar o coração da pessoa humana e levá-la a uma conversão.

---

11. "Este anúncio (querigma) é centrado no mistério pascal de Jesus Cristo, que é capaz de provocar em quem anuncia e quem o recebe, o encantamento e a descoberta da beleza do Evangelho" (Barboza, 2022, p. 50).

12. "O conteúdo da catequese não é mais um conjunto de tratados doutrinários, mas tem a sua fonte originária: Palavra de Deus, Liturgia e Tradição. Dessa forma, um destaque que deve ser dado ao aprofundar a identidade da catequese, está no fato da sua importância e o seu papel no processo de evangelização" (Barboza, 2022, p. 51).

13. A palavra catequese vem do grego katechein, (katá, movimento de cima para baixo e ékos, som, eco) significando fazer ecoar.

Para isso, a catequese acompanha, ensina, educa e introduz à celebração do Mistério, ou seja, é guiada por uma inspiração catecumenal, que orienta o processo (DC, n. 61-68). Em um mundo que já não é mais predominantemente cristão, a catequese não pode se limitar a ser um ensinamento formal de conteúdos de fé (DC, n. 56) sob o risco de não atingir o objetivo de formar discípulos missionários. O documento indica uma mudança de perspectiva em relação à função da catequese, uma vez que se desdobra em outros aspectos da sua natureza: a centralidade no anúncio, que deve perpassar todos os momentos da catequese; o querigma se sobrepõe a qualquer tema, pois uma catequese puramente doutrinal se apresenta incompleta.

Não se pode separar querigma e catequese; há necessidade de nos tempos atuais a catequese ser querigmática, pois anunciar que o projeto de amor de Deus se revelou em Cristo por meio de sua morte e ressurreição, é o início, o meio e o fim. O documento ainda cita a *Evangelii Gaudium* que diz que o aprofundamento do querigma vai se fazendo carne (DC, n. 57), o que significa que o querigma insere-se na realidade, não conduz a uma espiritualidade intimista. Em uma época na qual as pessoas já não conhecem Jesus Cristo, o amor que ele demonstrou pelo próximo no perdão, na caridade, na misericórdia, no pôr a vida no centro, faz-se necessária uma catequese que leve a uma compreensão desse anúncio até que ele toque verdadeiramente o iniciando. O querigma não pode ter um tempo determinado e ser deixado de lado em função de outros temas, deve-se sempre retornar a ele, atualizando e aprofundando, pois ele é a "dimensão constitutiva de cada momento da catequese" (DC, n. 57). O documento aponta um aspecto importante do querigma: o ato do anúncio e o conteúdo do anúncio, significando que quem age no anúncio é Jesus Cristo no Espírito, que leva ao testemunho aqueles que anunciam, pois "a vida da testemunha que experimentou a salvação torna-se, portanto, o que toca e move o interlocutor" (DC, n. 58). Sem testemunho, o anúncio fica prejudicado: a catequese não é só de palavras, mas de atos, de uma transmissão de experiência, daí que é preciso que o catequista tenha tido um encontro verdadeiro com o Senhor que se traduza na sua vivência diária, no testemunho[14].

O documento também ressalta as diversas formulações de linguagem do querigma (DC, n. 58) no Novo Testamento, o que significa que há diferentes maneiras de expressar o anúncio a depender das culturas e situações. É preciso criatividade e escuta para compreender as exigências do mundo contemporâneo

---

14. "O testemunho assume, em nosso contexto, a função de revelador da fé cristã, à medida que consegue relacionar os conteúdos de fé com a vida cotidiana. Por essa razão, ele deve ser privilegiado na catequese, porque consente a expressão autêntica da Revelação cristã" (Moraes, 2022, p. 33).

para anunciar o Evangelho. A catequese deve valorizar os elementos essenciais ao querigma: "o caráter da proposta; a qualidade narrativa, afetiva e existencial; a dimensão de testemunha da fé; a atitude relacional; a ênfase salvífica" (DC, n. 59). Todas essas ações implicam uma mudança à qual a Igreja é chamada a realizar: redescobrir a vitalidade do Evangelho a fim de contribuir com o mundo atual. O querigma tem um conteúdo social e é importante explicitar essa dimensão social da evangelização: "A catequese é um anúncio da fé que não pode outra coisa senão se relacionar, mesmo que em semente, com todas as dimensões da vida humana" (DC, n. 60).

O catecumenato é a inspiração para que a catequese possa se mover dentro da dinâmica querigmática e renovar o seu modo de atuação[15]. O catecumenato foi uma instituição eclesial (Costa, 2014, p. 97) que teve seus primeiros testemunhos no século II e se estruturou nos séculos III e IV (Costa, 2014, p. 106). As mudanças históricas ao longo dos séculos levam a modificações, até mesmo ao desaparecimento dessa forma de iniciar na Igreja, a qual será recuperada pelo Concílio Vaticano II. O catecumenato implica uma "explícita intenção missionária e se estrutura como um complexo orgânico e gradual para iniciar na fé e na vida cristã" (DC, n. 61). Ao falar de uma catequese de inspiração catecumenal, pretende-se buscar o impulso missionário do catecumenato, e não uma reprodução fiel de um modelo, de modo que o próprio termo "inspiração" indica uma fonte, uma adequação, uma escolha de elementos: o caráter pascal e iniciático; o caráter litúrgico, ritual e simbólico; o caráter comunitário; o caráter de conversão permanente e de testemunho e o caráter de progressividade da experiência formativa (DC, n. 64).

Em relação ao caráter simbólico, o documento provoca um caminho de reflexão ao falar da necessidade que a geração contemporânea tem de "experiências que a tocam em sua corporeidade e afetividade" (DC, n. 64). Vários estudos, atualmente, apontam para a sensibilidade "pós-moderna" que eclode numa espiritualidade centrada no sensível, numa subjetividade imanentista-alienante e individualizante que não permite compreender a profundidade do amor de Deus (Rubio, 2001, p. 46). Essa sensibilidade não deve ser apenas criticada, é preciso refletir a seu respeito, pois aponta para uma necessidade de busca do divino em meio a um mundo que perdeu a referência da verdade, isto é, perdeu o caminho. A iniciação à vida cristã de inspiração catecumenal pretende renovar a catequese, desenvolver um itinerário pedagógico na comunidade que desperte o verdadeiro

---

15. "A inspiração catecumenal da catequese tem sido tema prioritário na Igreja do Brasil desde a Assembleia dos Bispos (47ª AGE em 2009)" (Barboza, 2022, nota 23 da p. 53).

sentido do simbólico que constrói, que conduz ao encontro pessoal e comunitário com Cristo, reorientando a forma de vivenciar Deus no mundo.

Dessa forma, todo o processo de evangelização da catequese precisa ser redimensionado numa perspectiva integradora. Assim, a catequese se posiciona como ação pastoral missionária da Igreja, como parte integrante de iniciação cristã e, como tal, "intimamente unida aos sacramentos da iniciação, especialmente com o batismo" (DC, n. 69). Nesse novo processo de evangelização, a catequese não pode ficar de um lado e os sacramentos de outro, apenas aguardando o momento celebrativo como um fim em si mesmo; a catequese não é sacramentalização nesse sentido. Catequese e sacramentos encontram-se em união, principalmente o batismo, devido à própria missão de evangelizar e à própria confissão de fé no Deus trinitário. A fé que professamos é a mesma fé celebrada, *lex credendi, lex orandi*.

Professamos a fé no Deus trinitário e os sacramentos da iniciação cristã expressam a fé no Deus Trindade, anunciado e testemunhado pelos primeiros cristãos, meta da catequese: o Filho que, ungido pelo Espírito, veio ao mundo para realizar o projeto do Reino do Pai. "A Igreja batiza em nome da Trindade. É fundamental que a catequese saiba unir bem a confissão de fé cristológica, Jesus é o Senhor, com a confissão de fé trinitária, Creio no Pai e no Filho e no Espírito Santo" (Barboza, 2022, p. 55). O documento salienta o caráter unitário dos sacramentos da iniciação cristã e reafirma a necessidade de um retorno à reordenação teológica original, batismo, confirmação e eucaristia, a fim de favorecer o desenvolvimento da ação pastoral e "recolocar o sacramento da eucaristia como realidade para a qual tende toda iniciação" (DC, n. 70).

Nesse processo de evangelização a catequese tem três instâncias principais: primeira, anúncio e catequese; segunda, catequese de iniciação cristã; terceira, catequese e formação permanente à vida cristã. Em relação ao primeiro anúncio ou querigma, o documento dedicou um espaço fundamental nos números 57 a 60 ao expressar a íntima relação entre querigma e catequese. O documento sintetiza as características da catequese de iniciação cristã como uma "formação de base e essencial, orgânica e integral" (DC, n. 71). A catequese lança as bases da fé, leva, por meio de um aprendizado, ao aprofundamento do querigma de maneira organizada e sistematizada, aberto a todos os integrantes da vida cristã. De forma gradual, a catequese "favorece a interiorização e a integração desses componentes, provocando uma transformação do homem velho e a formação de uma mentalidade cristã" (DC, n. 71). É a catequese a serviço da educação permanente de toda a comunidade cristã para alimentar a ação missionária evangelizadora. Nessa ação processual evangelizadora, a finalidade da catequese é conduzir a pessoa humana ao encontro com Cristo de maneira integral: "coração, mente e sentidos" (DC, n. 75). De acordo com Moraes:

> Um processo autêntico de transmissão da fé será aquele capaz de envolver e dialogar com a racionalidade (cabeça), a afetividade (coração) e a operacionalidade (mãos e pés) da pessoa humana. A catequese deve conseguir harmonizar a explicação da doutrina ou os conteúdos da fé cristã, com a preocupação com a tradução em comportamentos éticos que brotam da paixão/atração do Senhor Jesus (Moraes, 2022, p. 23).

Portanto, outras dimensões, além da cognitiva, contribuem para a realização dessa finalidade, como "a experiência litúrgica-sacramental, as relações afetivas, a vida comunitária e o serviço aos irmãos e irmãs […], elementos essenciais para o nascimento do homem novo (Ef 4,24)" (DC, n. 76). A catequese anuncia, gera a fé, mas também "amadurece a conversão inicial" e ajuda os cristãos a formarem uma "mentalidade de fé conforme o Evangelho" (DC, n. 770). O documento chama a atenção para a necessidade de unir a confissão de fé cristológica e trinitária: "Tal confissão é certamente um ato pessoal do indivíduo, mas só atinge sua plenitude se é feita na Igreja" (DC, n. 78). O Diretório apresenta a Igreja "como lugar da memória viva, como elemento constitutivo da sustentação da fé de cada cristão e cristã" (Moraes, 2022, p. 26).

Para que a catequese atinja sua finalidade, é necessário desenvolver atividades "inspiradas" no catequista Jesus (DC, n. 78). O catequista, o pedagogo Jesus – que ensinou por parábolas, com exemplos de bondade, caridade, inclusão, que ensinou os apóstolos a rezar, que realizou curas, que celebrou com os apóstolos a sua última ceia – é a inspiração das atividades da catequese: "O documento ressalta que é a luz da pedagogia de Jesus que moldou a vida da comunidade cristã, que a catequese deve trilhar seus caminhos" (Barboza, 2022, p. 55).

Assim, o Diretório elenca cinco atividades da catequese para formar uma vida cristã na sua integralidade: a) conduzir à consciência da fé, isto é, a dimensão cognitiva; b) iniciar a celebração do mistério, isto é, a dimensão sacramental-litúrgica, porquanto a catequese ajuda a compreender a liturgia e a vida sacramental; c) formar a vida em Cristo, fazer ressoar no coração a vida nova recebida no batismo, formar uma consciência cristã moral; d) ensinar a rezar e, na oração, desenvolver a dimensão contemplativa; e) introduzir a vida comunitária, "a fé se professa, se celebra, se expressa e se vive sobretudo na comunidade" (DC, n. 88) é o lugar próprio para se aprender a amar, a participar, a viver em comunhão, cultivando uma espiritualidade de comunhão, desenvolvendo um sentimento de pertença (DC, n. 83-89).

Por fim, o capítulo vai apresentar as fontes da catequese, de modo que a Sagrada Escritura goza de uma certa "preeminência" em relação às demais, porém é necessário um equilíbrio entre as fontes (DC, n. 90). São fontes: a Palavra de Deus na Sagrada Escritura e na Sagrada Tradição, o magistério, a liturgia, o testemunho dos santos e mártires, a teologia, a cultura cristã e a beleza. No tocante à liturgia, o documento enfatiza que "a catequese tem plena participação quando ele (o catequizando) participa da vida litúrgica da comunidade" (DC, n. 96). Citando *Catechesi Tradendae*, o documento demonstra a ligação intrínseca entre catequese, liturgia e sacramentos, cujo centro é a eucaristia. Recorda o caráter experiencial das catequeses mistagógicas dos Padres da Igreja, salientando que o itinerário mistagógico apresenta três elementos essenciais: a interpretação dos ritos à luz dos eventos salvíficos; a introdução ao sentido dos sinais litúrgicos; e a apresentação do significado dos ritos para a vida cristã (DC, n. 98). É importante ressaltar que o documento afirma que a dimensão mistagógica não se limita a um aprofundamento dos ritos num pós-celebrativo, mas envolve e nutre os catecúmenos e catequizandos antes da celebração dos sacramentos por meio da participação na liturgia dominical e nas atividades do ano litúrgico.

O olhar para a realidade e a leitura dos documentos da Igreja demonstram como desafios atuais à evangelização a realidade de um mundo fragmentado, em constante transformação, com uma mentalidade estritamente individualizante. Essa realidade se desdobra na maneira de se perceber e viver a fé, o que leva a Igreja ao desafio pastoral de formar discípulos missionários. Esse desafio é, ao mesmo tempo, possibilidade de renovação das pastorais, conforme a convocação feita pelo magistério de Francisco a toda a Igreja. Os documentos 107 da CNBB e o *Diretório para a catequese de 2020*, em sintonia com Francisco, indicam a necessidade de uma renovação nos processos de transmissão da fé e evidenciam que a inspiração catecumenal é o eixo transformador que impulsiona uma nova maneira de iniciar.

Iniciação em inspiração catecumenal se estrutura numa dinâmica querigmático-mistagógica para formar pessoas na sua integralidade, ou seja, iniciar é experimentar a vivência cristã, é penetrar no mistério amoroso de Deus por meio de sua comunidade. Dessa forma, toda a comunidade precisa se reestruturar e a catequese, como uma das principais instâncias eclesiais de transmissão da fé, precisa voltar à sua origem para seguir novos rumos. A catequese, em unidade com outras dimensões eclesiais como a liturgia, os sacramentos e o testemunho, tem a tarefa de evangelizar, tarefa essa que se realiza num processo dialético de abertura ao outro, ao mundo. Ela sai da esfera apenas intraeclesial e se estende à existência, a todas as alegrias e angústias humanas. Dessa forma, a catequese se põe "a serviço da iniciação à vida cristã", assim como toda a comunidade: "Urge construir uma Igreja, casa de iniciação à vida cristã" (Doc 107, n. 247). Nesse processo integrador e global, é necessário recuperar a teologia da unidade dos sacramentos da iniciação à vida cristã, porquanto, uma vez que não há como evangelizar de maneira fragmentada, é imprescindível compreendermos, com mais atenção, as dimensões querigmática e mistagógica da fé cristã, isto é, de formação integral do cristão: o querigma não se limita a uma pré-catequese (EG, n. 164) e a dimensão mistagógica da catequese não é uma explicação pós-celebrativa, mas tem sua inserção durante a catequese no espaço dominical (DC, n. 98). A iniciação à vida cristã visa a formar uma mentalidade cristã num processo que envolve integração entre querigma e mistagogia, catequese e sacramentos, numa pastoral querigmático-mistagógica a fim frutificar ações vivenciais na existência humana no mundo: iniciar é conduzir ao mistério a partir do querigma. A preocupação com a tarefa evangelizadora da Igreja exige o redimensionamento do papel da catequese e dos sacramentos como espaço de evangelização, tendo as dimensões querigmática e mistagógica como alicerces de uma renovada maneira de ser da catequese e dos sentidos dos sacramentos, apontando para a necessidade de uma retomada da unidade dos sacramentos de iniciação à vida cristã.

A catequese em inspiração catecumenal significa buscar a experiência de Deus adentrando no mundo, é um novo paradigma, é um novo modelo que tem suas bases nos primeiros cinco séculos da Igreja. É uma catequese servidora da Palavra que se guia pelo testemunho, testemunhando e compartilhando essa experiência de Deus ao mundo: Jesus Cristo, com seus gestos de amor, de cura, de ternura, de indignação com os duros corações dos fariseus. O primeiro documento magisterial de Francisco visa a recordar a alegria do Evangelho, a alegria de anunciar a Boa-nova, o entusiasmo, que significa presença de Deus. Essa catequese da alegria, do entusiasmo, do sair, não implica uma falta de método e de organização, e sim supõe uma criatividade formadora, uma condução com sabedoria do processo de iniciar e permanecer na fé. A permanência na fé supõe uma orientação necessária no processo mistagógico. Essa palavra "mistagógico" precisa ser compreendida na sua simplicidade e riqueza, porquanto ela remonta às catequeses mistagógicas dos Padres da Igreja:

> Na antiguidade cristã, o termo designa, sobretudo, a explicação teológica e simbólica dos ritos litúrgicos da iniciação, em particular do batismo e da eucaristia, assim como a configuração do neófito em um novo caminho,

renascido pela água do batismo e alimentado com o pão da vida, feito nova criatura (Costa, 2014, p. 78).

A mistagogia instaura uma dinâmica especial na evangelização:

> Inspirada na pedagogia divina, atuando desde o momento da acolhida, como durante todo o processo de acompanhamento de uma pessoa que adere à fé cristã. É a pedagogia da fé com todos os elementos que esse processo implica: iniciação à fé, aprimoramento da oração, acolhida do Espírito, discernimento, conversão, experiência de vida nova e inserção numa comunidade cristã (Costa, 2014, p. 81).

A ação catequética querigmática leva a pessoa a querer conhecer sempre mais Jesus, desperta o desejo da experiência, de penetrar no mistério. A mistagogia é ser conduzido aos mistérios no qual foi iniciado, é aprofundar-se na riqueza espiritual que provém dos sacramentos e da liturgia. Mistagogia é amor e vivência fraterna, é voltar-se para o outro, para o mundo, para Deus.

Se o ser humano não consegue se relacionar com o outro, com o mundo de uma maneira amorosa, como se relacionará com Deus? Essa falta de base leva a uma espiritualidade alienante e imaginativa que mais afasta do que aproxima de Deus. Os sacramentos têm elementos materiais e corpóreos necessários para o encontro: a água, que remonta à criação, à natureza, à passagem pelo mar para encontrar com Deus (Ex 3,18; 5,1; 7,26; 9,13), pois a matéria é parte constitutiva do humano. Os sacramentos traduzem os sinais da natureza em símbolos e palavra capazes de explicitar o evento da graça, o qual se manifestou em Jesus Cristo (Faber, 2008, p. 67). Podem traduzir o evento porque podemos falar dele, o evento tornou-se palavra que nos remete à experiência mediadora do símbolo:

> O simbolismo sacramental é essencialmente simbolismo histórico-salvífico, porque, embora radicado no significado natural dos gestos e dos objetos usados, recebe seu significado específico das grandes obras realizadas por Deus no curso da *história salutis*; obras que têm em Cristo o seu pleno cumprimento e a sua manifestação escatológica (Rocchetta, 1991, p. 199).

O retorno do caráter processual e mistagógico da fé exige uma vivência plena dos sacramentos na iniciação à vida cristã, compreendendo as dimensões cristológica, pneumática e escatológica de cada um, pois a eucaristia se centrou num cristomonismo, o batismo se centrou no perdão dos pecados e a confirmação em uma pneumatologia confusa (Taborda, 1998, p. 184). Só assim estaremos num caminho de mudança de mentalidade, de passar de uma percepção devocionista-mágica dos sacramentos a uma percepção experiencial-mistérica. Educar para o mistério necessita seguir um itinerário para conformar-se a Cristo, para ser cada vez mais como ele, apesar de todas nossas limitações.

A iniciação à vida cristã em inspiração catecumenal é uma educação para a mística. O místico, nesse sentido, é um batizado que vive o seu mistério no mundo, encontrando Deus em cada rosto que sofre, buscando a justiça, a solidariedade, com testemunho que fala mais que muitas palavras. Essa dimensão mistérica da iniciação está presente no início da Igreja, no tempo em que não se entendia o *sacramentum* sem o *mystérion/mysterium*. Há necessidade de buscar o sentido de sacramentos como *mystérion/mysterium*, que emerge da Sagrada Escritura e tem seu auge nos séculos IV e V com a sistematização da iniciação cristã.

No próximo capítulo, pretendemos tratar do nascimento dessa relação sacramentos-mistérios-iniciação cristã, bem como qual sua importância e como esse sentido foi se perdendo, suas consequências e em que momento se iniciou esse resgate. É preciso recuperar o sentido pleno de sacramentos como mistérios a fim de modificar mentalidades. O *mystérion/mysterium* remete à trinitariedade da revelação cristã: uma imagem de Deus comunhão, amor, misericórdia, um "Deus que vem a nós" (Moingt, 2010, p. 319) que pode fornecer respostas condutoras a uma compreensão mais profunda de Deus, retirar do vazio existencial e do sentimentalismo religioso no qual a sociedade vive imersa. Em um mundo cada vez mais vazio de sentido, no qual o secularismo afasta Deus do espaço público e várias espiritualidades pipocam, assim como a religião se torna oferta de mercado, precisamos recuperar uma instância original perdida, a saber, a do amor e da entrega sem limites, sem interesses, e demonstrar que o cristianismo tem muito a oferecer à sociedade.

Conclusão

Este capítulo se estruturou em quatro tópicos por meio dos quais pretendemos evidenciar os desafios à iniciação à vida cristã hodierna, bem como as perspectivas quanto a ela. No decorrer de muito tempo separou-se evangelização e sacramentalização devido à forma equivocada de se compreender os sacramentos à luz de uma visão construída como se eles fossem "coisas" (Romão, 2012, p. 30) da Igreja sem vinculação com a história salvífica. O Concílio Vaticano II, a partir dos estudos da teologia sacramental contemporânea, recupera a dimensão originária dos sacramentos como ações eclesiais, como "encontro com Deus na Igreja" (Borobio, 2009, p. 111). É nessa dinâmica que os cristãos são chamados a viver os sacramentos: não mais de forma passiva, como o recebimento de uma graça, e sim como acolhimento de fé e de mudança em suas vidas. Esse é o grande desafio da pastoral dos sacramentos da iniciação à vida cristã porque exige uma renovação pastoral em linha querigmática e mistagógica, em suma, uma mudança de mentalidade.

No primeiro tópico, fizemos uma leitura da realidade atual que se nos apresenta complexa, porquanto se percebe uma sociedade que não vive mais a cristandade, não somente com uma mentalidade individualizante, mas também com novas linguagens. A iniciação à vida cristã é o elemento-chave para encaminhar as mudanças pastorais trazidas pelo Concílio Vaticano II, o que ocasionou muitas conferências e documentos novos, principalmente na América Latina. O documento de Aparecida é um marco nesse processo ao assinalar a formação de discípulos missionários no processo evangelizador. Sua evidência é recolocada a partir do magistério de Francisco com a "Igreja em saída". A análise da realidade no método ver-julgar-agir contribui para que a Igreja possa, com discernimento, encontrar meios de atuação pastoral e impulsionar a reflexão teológica.

Nessa linha, o documento de Aparecida realiza uma análise profunda da realidade e cunha para a Igreja o termo "mudança de época", o qual sintetiza um mundo globalizado no qual a todo instante as informações são substituídas, gerando uma ânsia contínua de novidade e uma incapacidade de assimilar o que se apresenta como novo. Essa realidade, em que tudo muda abruptamente, provoca uma crise de sentido que tem reflexos principalmente no campo cultural, isto é, com o dissolvimento da concepção integral do ser humano em sua relação com o mundo e com Deus. A Igreja precisa voltar ao começo, se reiniciar.

Na busca desse recomeço, no segundo tópico, refletimos acerca das provocações que o magistério de Francisco traz para o campo da iniciação à vida cristã, centrando-se na Exortação apostólica *Evangelii Gaudium* na qual o papa convoca toda a Igreja a uma renovação, a uma mudança estrutural, em suma, a sair resolutamente para evangelizar em chave missionária; trata-se da função central da Igreja. Essa mudança deve partir do coração do Evangelho, da Palavra de Deus; essa saída é uma volta ao que é essencial, é um reencontro com o primeiro amor que desperta a coragem de anunciar, que é um compromisso de todos os batizados.

A Igreja evangeliza e se evangeliza num impulso eterno de doação, de estar sempre em estado permanente de missão, portanto, evangelizar é iniciar, num processo que envolve todas as dimensões humanas. Uma iniciação à vida cristã em chave missionária se traduz numa pedagogia evangelizadora à luz de uma catequese querigmática e mistagógica. O querigma ou primeiro anúncio é o conteúdo da pregação do Evangelho feita pelos apóstolos e pela Igreja primitiva: anunciar o amor de Deus em Cristo morto e ressuscitado. O querigma deve ser aprofundado e ser o primeiro não apenas em ordem, mas em qualidade, a ele se deve voltar sempre que for necessário; ele perpassa toda a iniciação, é a raiz dos sacramentos que precisa ser ressignificada.

A outra característica da catequese, a mistagogia, é o campo da experiência, do simbólico, é a ambiência da Palavra e da beleza. O resgate da beleza na evangelização; não uma beleza externa e superficial, mas a profunda beleza do amor de Deus é extremamente importante. Em uma sociedade fragmentada, com o sentimento de vazio que leva a uma busca sensibilizante de Deus, os processos de transmissão da fé precisam formar uma mentalidade cristã que una mente, coração e razão. O magistério de Francisco aponta para um novo modelo de pastoral, de catequese, e uma maneira originária de se entender os sacramentos. A Igreja intensifica a reflexão e os caminhos de ação para dar movimento a essa renovação, e produz dois documentos importantíssimos: *Iniciação à vida cristã: itinerário para formar discípulos missionários*, documento 107 da CNBB, e o *Diretório para a Catequese de 2020*.

Assim, no terceiro tópico, tratamos do documento da Igreja do Brasil, o número 107 da CNBB, *Iniciação à Vida Cristã: itinerário para formar discípulos missionários*. Seguindo o método ver-julgar-agir, o documento aponta que, diante de uma realidade tão complexa, o caminho que se apresenta à pastoral da iniciação à vida cristã, a fim de formar discípulos missionários, é recuperar a sua potência transformadora que se realiza no seguimento dos passos de Jesus Cristo. A dinâmica do encontro, como polo da iniciação, se expressa na imagem do texto bíblico do encontro entre Jesus e a samaritana, revelando o elemento orientador dos passos da iniciação à vida cristã: o encontrar Cristo em pessoa e na comunidade cristã, nas instâncias da Palavra, da liturgia, dos sacramentos, da oração, da vida fraterna e na sociedade.

O documento salienta o esforço de ação da Igreja para aprofundar a renovação trazida pelo Concílio Vaticano II que, ao recuperar o catecumenato, resgata a iniciação como educação global da fé, do querigma à mistagogia, e suscita uma reflexão ampla nos Sínodos e nos documentos a respeito de vários temas pastorais e, da mesma maneira, acerca da Igreja do Brasil. A Igreja se move desde então no impulso de renovar a iniciação à vida cristã, inserindo-a numa dinâmica mais autêntica de seguimento a Cristo, de demonstrar o amor de Deus como caminho para um mundo conflitante, isto é, a inspiração catecumenal. Dessa forma, a iniciação à vida cristã precisa ser abraçada pelas pastorais eclesiais; não pode ser tarefa apenas do sacerdote ou do catequista, ela é tarefa de toda a comunidade.

O catecumenato foi uma ação pastoral utilizada pela Igreja dos primeiros cristãos, realizando-se em etapas que visavam a conduzir o iniciante ao mistério cristão, num processo que unia Palavra (anúncio querigmático), catequese, liturgia-sacramentos (mistagogia) e vida no mundo. A inspiração catecumenal quer se valer dos pressupostos das primeiras comunidades, não como uma mera cópia do passado, mas como uma fonte da qual se bebe a água que renova o presente e conduz a um futuro esperado. O documento salienta a necessidade de abertura das pastorais (da catequese, de uma nova compreensão do sentido dos sacramentos) a essa pedagogia catecumenal, para redescobrir o caminho mistagógico que leve ao coração de Jesus Cristo, mistério de Deus revelado.

A compreensão da categoria de mistério é importante nesse processo, pois esse conceito se une ao fazer pastoral-sacramental da Igreja desde sua origem, quando havia uma relação integradora entre Palavra, sacramentos, iniciação, catequese. Batismo-unção-eucaristia eram mistérios que conduziam à participação na vida trinitária de Deus por intermédio do Espírito presente na comunidade. Era esse o entendimento quanto aos sacramentos, e isso se perdeu, se fragmentou. O documento aponta para a necessidade de se recuperar a dimensão mistérica dos sacramentos da iniciação, o que leva ao resgate da dimensão trinitária e unitária. Depois da análise da realidade e da reflexão teológica, o documento elenca caminhos pastorais concretos de ação.

No quarto tópico, refletimos com o segundo capítulo do *Diretório para a Catequese de 2020*, o qual trata da identidade da catequese como anunciadora do querigma e introdutora da celebração do Mistério. A catequese hoje goza de uma atuação mais ampla e global diante da complexidade da realidade contemporânea, por isso não pode mais ser apenas o ensinamento formal para os já evangelizados. A catequese evangeliza, ensina, educa, introduz na celebração do mistério, inicia na vida cristã e continua acompanhando essa vivência. A catequese é guiada pela inspiração catecumenal que une querigma, catequese e mistagogia. Seguindo a *Evangelii Gaudium*, o *Diretório* esclarece que o querigma não se limita a um tempo, mas que acompanha todos os momentos da catequese, fazendo-se carne. O capítulo salienta um aspecto importante: as diversas formulações de linguagem do querigma para que haja comunicação plena. O catecumenato é a inspiração para a catequese como um impulso missionário e não uma reprodução do passado.

O capítulo também enfatiza a necessidade de se refletir acerca do caráter simbólico, pois vários estudos apontam como a geração "pós-moderna" é afeita a expressões de espiritualidade sensível. Assim, o processo evangelizador da catequese precisa de uma renovação em perspectiva integral, posicionando a catequese como ação missionária, parte integrante da iniciação cristã unida aos sacramentos, principalmente o batismo. O documento recorda um aspecto importante ao afirmar a relação entre o itinerário ritual de iniciação cristã e a constituição da Igreja na medida em que enfatiza a união entre palavra e testemunho. Assim, ele salienta a unidade dos sacramentos da iniciação e entende que é oportuno reconsiderar a ordem teológica dos sacramentos a fim de ajudar os fiéis a centralizar o sacramento da eucaristia.

Nesse processo evangelizador da catequese, a formação permanente à vida cristã é essencial, é um serviço que favorece a interiorização da fé no aprofundamento da Sagrada Escritura, na catequese mistagógica que favoreça a compreensão mais profunda da experiência da liturgia e dos sacramentos e no testemunho da caridade. Então, a catequese se desenvolve em várias instâncias pois anuncia, gera a fé, ajuda a amadurecer; sua finalidade é levar a pessoa ao encontro de Deus na comunhão do amor trinitário e, dessa maneira, todas as suas atividades devem se focar nessa intenção. Portanto, as fontes da catequese devem estar em relação com a sua identidade e, por conseguinte, com a Sagrada Escritura; por sua relação com a Palavra de Deus, goza de uma preeminência.

Os dois documentos estão em consonância com as orientações apresentadas pelo magistério de Francisco, propondo uma renovação no processo de iniciação à vida cristã, com eixo articulador numa inspiração catecumenal que implica uma catequese querigmática e mistagógica numa formação integral, ou melhor, uma *ação* pastoral querigmática e mistagógica, pois são ações que envolvem toda a comunidade. Essa ação não é nova; a Igreja volta seu olhar para os primeiros cristãos, é deles que resgata a Igreja querigmática e mistagógica. Assim, a catequese insere-se num novo modelo de atuação e os sacramentos precisam ter seu sentido aprofundado. O querigma deve guiar a catequese e transformá-la, de modo que a mistagogia revifica o sentido dos sacramentos. Catequese e sacramentos são partes integrantes da iniciação à vida cristã, daí que os dois documentos apontam a necessidade de recuperar a unidade dos sacramentos de iniciação à vida cristã e reavaliar a sequência original. Os sacramentos iniciam, a catequese prepara; porém, não mais o tipo de preparação escolarizante como se os sacramentos fossem um momento de receber uma graça e um certificado.

Uma catequese querigmática e de inspiração catecumenal expressa uma pedagogia da fé e que inicia na fé, que a acompanha, que com ela permanece, que a sensibiliza sem sentimentalizá-la, que produz uma mudança interior que se desdobra numa pertença comunitária. A relação entre catequese e sacramentos deve se transformar com base em um melhor entendimento quanto ao sentido dos sacramentos, e, para isso, julgamos haver necessidade da recuperação do sentido originário dos sacramentos, pois perdeu-se a dinâmica de realidade do simbólico num positivismo pragmatista: é preciso recuperar o aspecto histórico-salvífico dos sacramentos. Os sacramentos da iniciação cristã expressam a trinitariedade do Deus cristão, pois nos tornam filhos no Filho para que, ungidos, possamos nos alimentar e viver no mistério. A ação catequética sacramental é o aprofundar o sentido dos sacramentos a partir do mistério, numa mística.

2
Mystérion/Mysterium: a recuperação da face perdida dos sacramentos

Pretendemos aqui discernir os sacramentos como mistérios na iniciação cristã. A característica dos sacramentos é serem ações pneumáticas da presença de Cristo, momentos celebrativos da manifestação do Deus vivo, celebrações nas quais a história econômico-salvífica se realiza, se presentifica. Batismo-unção e eucaristia são mergulho no mistério pascal, porquanto dele nascem. Em Cristo se dá a união do divino e do humano, o transcendente e o imanente se unem revelando a mística do amor. A Igreja e suas instâncias continuam a revelar essa mística a todos os que se abrirem. O cristianismo é um caminho de integração, de unidade, que se expressa em todas as suas dimensões, daí que o simbólico, como elemento reunidor e integrador, tenha extrema importância no desenrolar da Igreja no mundo. Os sacramentos são espaços do simbólico porque integram diferentes dimensões para propiciar o encontro com Deus.

É interessante perceber que o termo sacramento seja uma tradução do termo mistério. Mistério é uma palavra de origem grega que, no campo religioso, evoca algo escondido, inalcançável, sobrenatural. No entanto, os primeiros cristãos fizeram uso desse termo, deram-lhe uma nova significação e identificaram o batismo e a eucaristia como mistérios. O uso do termo expressa mais que um significado linguístico, expressa uma mentalidade, uma maneira de interpretar o relacionamento entre Deus e os homens. A origem dos sacramentos como mistérios pode dar pistas para ressignificar o sentido dos sacramentos e vislumbrar as consequências dessa ressignificação no campo pastoral, na catequese e na espiritualidade cristã.

Neste capítulo, pretendemos demonstrar como nos primeiros quatro séculos os sacramentos de iniciação cristã tinham um sentido experiencial histórico-salvífico numa dinâmica trinitária e como questões históricas ocasionaram mudanças teológicas e pastorais que levaram à perda desse sentido e a uma compreensão limitadora dos sacramentos até a recuperação do sentido mistérico, com o Movimento litúrgico, no século XX, que desemboca na Igreja mistério no Concílio Vaticano II.

2.1 A experiência de Deus no espaço sagrado da iniciação cristã

Os primeiros cristãos conhecem os sacramentos a partir do termo grego *mystérion*, que deriva de *mýo*, "fechar" – seja a boca, sejam os olhos – e *térion*, "lugar" onde se deve fazer algo (Finelon, 2015, p. 14). Podemos entender como lugar de fechar a boca ou os olhos, daí o sentido de mistério como aquilo que não deve e nem pode ser dito, algo que não se é capaz de descrever. Da raiz *mýo* tem-se também *myeo* (iniciar, instruir, ensinar) (Brown, 2000, p. 2282). Mistério é compreendido como "uma verdade sobrenatural cuja compreensão supera a capacidade cognoscitiva do ser humano e é objeto de revelação" (Lucas, 1988, p. 569), porém os cristãos testemunham que em Jesus Cristo o mistério se revela. A encarnação de Cristo, sua morte e ressurreição trazem ao mundo o ineditismo da história da salvação e uma imagem de um Deus trinitário. A partir da centralidade em Cristo se desvenda a ação do Pai na força do Espírito, que continua em sua Igreja nos mistérios.

A história do sentido de *mystérion* começa com as instituições helênicas iniciáticas, as religiões ou cultos de mistérios (*mystéria*, no plural) (Eliade, 2019, p. 237), das quais se expandiu para outros contextos[16]. O sentido principal do termo era "oculto para os de fora" e provinha da não revelação do que se realizava nos cultos das religiões de mistério (Boring, 2015, p. 251). O culto deveria conduzir o postulante a um íntimo relacionamento com o destino do deus, isto é, a uma transformação, e prometia a salvação, a libertação (Boring, 2015, p. 252-253). A salvação era pessoal – não havia uma preocupação coletiva, apesar do iniciado pertencer a uma comunidade – e extemporânea. As religiões ou cultos de mistério eram meios para uma vida feliz além da morte:

> Essas comunidades de culto, elites religiosas recrutadas por vocação individual, formam uma sociedade secreta, separada do mundo profano, à qual se tem acesso por iniciações e consagrações especiais e ocultas. A meta almejada é a "salvação", numa união perfeita com o deus após a morte (Casel, 2011, p. 73).

---

16. Como em Platão que o utiliza no sentido ontológico, ou os gnósticos que entendem como "conhecimento místico capaz de transformar o homem no 'divino contemplado.'" (Adriano, 2003, p. 16).

No entanto, para o Novo Testamento o *mystérion*[17] se deu a conhecer (Ef 1,9) em Cristo, manifestando o desígnio de Deus ao mundo. O termo *mystérion* aparece nos sinóticos[18] e nas cartas paulinas e deuteropaulinas, com centralidade na pessoa de Cristo. Nos sinóticos: "o *mystérion* é a própria pessoa do Cristo na qual se inaugura o tempo messiânico e escatológico e os *mystéria* são suas palavras e atos nos quais o Reino de Deus se faz presente e atuante no hoje histórico-salvífico" (Finelon, 2015, p. 26). Na teologia paulina, o mistério é a revelação de Deus por meio de Jesus Cristo (Finelon, 2015, p. 28). O Novo Testamento expressa, assim, uma mudança de perspectiva em relação ao sentido de mistério a partir da presença e atuação de Cristo no mundo.

Se para as religiões pagãs ou para o gnosticismo o conhecimento do mistério exigia um caminho especulativo (separado do mundo, secreto, separando iniciados e não iniciados, os de fora), no cristianismo há uma ação iniciada por Deus que deseja comunicar o mistério. O mistério, para os cristãos, é graça, é dom, e precisa ser comunicado a todos. Assim, no evangelho de Marcos (Mc 4,11) Jesus evidencia que o mistério do Reino se dá a conhecer aos discípulos por livre iniciativa de Deus, pois o mistério é o próprio Jesus e "os de fora" não são excluídos, mas sim aqueles que se recusam a ver em Jesus "a presença operante do reino de Deus" (Fabris; Barbaglio, 2014, p. 463). O mistério não é um segredo, mas uma oferta aos que se abrem; é uma realidade trazida à luz em Cristo, em sua vida, em sua mensagem, em sua crucificação e ressurreição, ele próprio é "o mistério de Deus" (1Cor 2,1), agora dado a conhecer: "Ensinamos a sabedoria de Deus, misteriosa e oculta que Deus, antes dos séculos, de antemão destinou para nós" (1Cor 2,7).

A sabedoria de Deus que entrou na história, visibilizou-se na cruz, que é a própria vida de Cristo com todas as resistências e obstáculos que encontrou, mas também com toda a mensagem de amor, de transcendência que ele demonstrou até a crucificação e morte, da qual provém a ressurreição e glória: "[…] anunciamos Cristo crucificado, que para os judeus é escândalo, para os gentios é loucura, mas para aqueles que são chamados […] é Cristo, poder de Deus e sabedoria de Deus" (1Cor 1,23-24). Assim, Cristo crucificado é o *mystérion* anunciado: "Não uma fórmula intelectual que se possa construir com uma interpretação sofisticada, mas o mero acontecimento em si: o Crucificado, ao qual se refere o simples *kerigma*, precisamente Ele é o *mystérion*" (Ratzinger, 2019, p. 221).

---

17. Os cristãos retiram o termo "da LXX, do texto grego da Sagrada Escritura, da linguagem apocalíptica e principalmente do judaísmo contemporâneo" (Neunheuser, 1992, p. 757).

18. Nos sinóticos, o termo *mystérion* aparece em Mc 4,11 e no plural *mystéria* nos paralelos Mt 13,11 e Lc 8,10.

Assim, os primeiros cristãos anunciam, comunicam o mistério de Deus em Cristo e é nesse processo de transmissão, de anúncio do mistério, que a iniciação cristã nasce. Iniciar é conduzir ao mistério de Cristo. Vamos encontrar em várias páginas do Novo Testamento contextos que expressam uma estrutura de iniciação cristã[19] como um conjunto global de experiência de encontro com Deus, cuja centralidade é Cristo. Batizar-se em nome de Cristo implica inserir-se na comunidade do Pai por intermédio do Filho no Espírito. Escolhemos alguns textos que consideramos fundamentais para demonstrar o sentido unitário da iniciação cristã: do livro de Atos, alguns textos da primeira Carta aos coríntios, o hino de louvor de Efésios (Ef 1,3-14).

O livro de Atos dos Apóstolos apresenta um esboço do processo de iniciação cristã. Depois do evento teofânico em Pentecostes (At 2,1-4), Pedro faz o anúncio ou o querigma, uma declaração fundamental da fé. Ele anuncia que Jesus, em sua jornada pelo mundo, realizou milagres e atos de bondade. Embora tenha sido crucificado, conforme previsto nas antigas escrituras, "Deus o ressuscitou" (At 2,24). Os apóstolos testemunharam esse fato extraordinário e, como prometido anteriormente, neles Deus derramou o Espírito. O anúncio apresenta o conteúdo da fé cristã, o mistério da cruz, da morte, da ressurreição e do derramamento do Espírito, de modo que transforma o coração dos ouvintes, que se expressa na pergunta dos que foram tocados: "Irmãos, que devemos fazer?" (At 2,37). A resposta de Pedro exige a conversão, o arrependimento, a fé, para que se realize o batismo em nome de Jesus e então se receba o Espírito Santo. Vislumbra, assim, uma concepção teológica do batismo:

> O batismo no nome de Jesus [...], quer dizer, sob a invocação do nome salvador do Senhor Jesus, sela e consuma a salvação daquele que se converteu e acreditou. [...]. É o batismo dos tempos escatológicos, que já chegou, porque Jesus morreu, ressuscitou e foi constituído Messias e Senhor e, por isso, todos aqueles que invocam seu nome, do único salvador será salvo (At 4,12). O batismo aparece assim como a celebração em que formalmente se invoca o Nome; nele o crente lava seus pecados (At 22,16) e é agregado oficialmente à comunidade. Finalmente, na doação do Espírito culmina esse processo, e converte-se o batizado em testemunha da ressurreição, membro de um povo de profetas, pelo qual Jesus, por seu Espírito, oferece sua salvação a todos os homens (Carmona, 2000, p. 317).

---

19. Em várias passagens de Atos dos Apóstolos, na literatura paulina, na primeira carta de Pedro, na literatura joanina. (Oñatibia, 2007, p. 31-68).

Na cena de Pentecostes (At 2,4-41), tem-se um roteiro, um itinerário de um processo de iniciação: o anúncio querigmático trinitário, a resposta favorável (a fé), a conversão (o arrependimento), o batismo com o recebimento do dom do Espírito Santo (Oñatibia, 2007, p. 33). Pedro interpreta aquele momento como a realização da promessa escatológica anunciada pelos profetas: o derramamento do Espírito em todos (At 2,14-21). A Igreja que se forma nesse momento é uma comunidade repleta do Espírito Santo devido à ação de Jesus. O batismo em nome de Jesus dá acesso ao recebimento do dom do Espírito, de modo que se trata de dois momentos de uma única realidade. O texto demonstra o crescimento das primeiras comunidades, porém também se percebe que não se pode ingressar na vida cristã sem o batismo e sem o recebimento do Espírito, portanto, independentemente de uma referência explícita a um ritual, já há no Novo Testamento um caminho para se ingressar na vida cristã, na comunidade, o qual será sistematizado no decorrer dos primeiros séculos. Esse texto de Atos expressa, segundo nosso entender, o sentido de unidade: batizar em nome de Jesus para perdão dos pecados, receber o Espírito que o Pai deu ao Filho (At 2,38). Há uma ação trinitária unificadora a partir de Cristo.

Vamos encontrar no livro dos Atos outras passagens que demonstram algumas peculiaridades, tais como, por exemplo, no caso de Felipe, que batizava na Samaria (At 8,9-17), mas os batizados ainda não haviam recebido o Espírito, o que aconteceu somente com a chegada dos apóstolos, expressando que batismo e recebimento de Espírito podem ser realizados em momentos diferentes sem ferir a unidade; e ainda o batismo da casa de Cornélio no qual o Espírito Santo veio enquanto Pedro proferia o querigma, antes do batismo (At 10,44-48). A unidade não significa realizar a celebração toda num único momento, bem como a inversão da ordem, batismo antes ou depois do recebimento do Espírito, não invalida o resultado. Batismo e recebimento do Espírito são momentos interligados que conduzem à vivência eucarística, daí que nos textos seguintes o autor vai fazer os resumos da vida em comunidade, da vivência eucarística.

Nos versículos seguintes (At 2,42-47) é expresso o modo de vida cristã da comunidade dos batizados, uma espécie de resumo da maneira de viver cristã, uma vivência de comunhão: "Eles se mostravam assíduos ao ensinamento dos apóstolos, à comunhão fraterna, à fração do pão e às orações" (At 2,42); e ainda: "Dia após dia, unânimes, mostravam-se assíduos no Templo e partiam o pão pelas casas, tomando o alimento com alegria e simplicidade de coração" (At 2,46). Há quatro elementos importantes: o ensinamento, a comunhão, a fração do pão e as orações. O ensinamento dos apóstolos evoca que "o ponto de partida de uma comunidade cristã é a escuta da palavra" (Fabris, 1997, p. 76). A comunhão é a novidade cristã; unidos na fé, partilhavam os bens em uma fraternidade, pois pelo batismo tornam-se filhos no Filho do Pai: "Dado o contexto de Atos, precisado mais adiante na retomada do tema, pode-se dizer que a comunhão fraterna é a união espiritual dos crentes baseada na mesma fé e no mesmo projeto de vida" (Fabris, 1997, p. 76). A fração do pão liga-se, provavelmente, à ceia eucarística, a qual, conforme nos informa a primeira carta aos Coríntios, os primeiros cristãos celebravam "como parte de uma refeição comunitária" (Comblin, 1988, p. 107). As orações são indicadoras de que os cristãos rezavam em conjunto, como deve ser uma comunidade fraterna que vive na alegria e na simplicidade da vida cristã, numa verdadeira mistagogia, mesmo que não se use esse termo.

Gostaríamos de chamar atenção para a iniciação de Paulo: depois do encontro com o Ressuscitado na viagem para Damasco, Paulo perde a visão e fica três dias sem comer até que Ananias, imbuído pelo Espírito do Senhor, vai à casa, onde o então Saulo estava, impõe-lhe as mãos e Saulo fica repleto do Espírito, recuperando a visão para logo depois se batizar e se alimentar (At 9,15-19). Esse texto é extraordinário, pois indica um caminho desde a era apostólica de ingresso na comunidade: Saulo teve um encontro místico com Cristo, ele viu o Cristo ressuscitado, uma espécie de êxtase, no entanto, foi iniciado para fazer parte da comunidade do Senhor. Percebe-se nesse trecho um ritual no sentido de ações dotadas de significado: o ato de impor as mãos, o batismo e o alimentar-se. O livro de Atos é muito significativo ao demonstrar como a Igreja crescia por meio do batismo, de uma iniciação; não se ingressava na comunidade dos portadores do Espírito sem batizar-se. Não se está afirmando que a comunidade é dona do Espírito Santo, ele é livre, mas está na Igreja, movimentando-a, guiando-a.

Na primeira Carta aos Coríntios encontram-se um dos "testemunhos históricos mais antigos acerca da iniciação cristã" (Oñatibia, 2007, p. 38). Para chamar atenção aos cristãos de Corinto, que poderiam estar se afastando das práticas cristãs, Paulo relembra-lhes os momentos de sua iniciação a fim de ressaltar o compromisso com a vida nova: "Mas vós vos lavastes, mas fostes santificados, mas fostes justificados em nome do Senhor Jesus Cristo e pelo Espírito de nosso Deus" (1Cor 6,11). Percebe-se o roteiro da celebração, o batismo e o selo do Espírito que incorpora à comunidade (santificados e justificados) na teologia trinitária. Mais adiante, em outro texto importante (1Cor 10,1-22), o autor faz uma releitura dos fatos do Êxodo para exemplificar o que estava acontecendo no presente com a comunidade de Corinto, que não estava reconhecendo a graça de Deus, não estava vivendo a comunhão fraterna. Paulo fará um tipo de correspondência entre os fatos passados no Êxodo e os presentes em Corinto, evidenciando uma sacramentalidade na história da salvação. No Êxodo (Ex 16-17), os hebreus "foram batizados em Moisés", foram libertados pela água, passaram para uma nova vida e comeram e beberam do alimento espiritual. Apesar disso, a maioria não reconheceu a Deus, não acolheu a Deus e, por isso, morreu. Paulo está demonstrando que é preciso permanecer na fé, suportar as tentações de desvio. Somos batizados para viver em comunhão, do contrário, caímos na idolatria, ou seja, entramos em comunhão com o que não é de Deus, aí morremos.

Assim, batismo e eucaristia são dinâmicas da história da salvação, são meios de comunicação de Deus ao longo da história: o batismo liberta para experimentar a vida em comunhão fraterna no amor com Deus e com os irmãos. O banhar-se e o alimentar-se são ações tipicamente humanas que se transformam em espaço da comunicação de Deus. À luz desse argumento, do exemplo, da figura, do Antigo Testamento, Paulo vai olhar para o presente para demonstrar à comunidade de Corinto como está se desviando da "ceia do Senhor" (1Cor 11,17-34).

O texto valoriza a comunidade unida, congregada, para participar da eucaristia. Se a comunidade vem para a reunião dividida, é porque não compreende o sentido do que está celebrando: o Novo Testamento mostra a assembleia como lugar de oração, de repartir o pão; assim se tem a presença do Espírito (At 2,42). No entanto, havia divisões nas reuniões dos coríntios, e as celebrações precisam refletir a prática do Evangelho (Mazzarolo, 2008, p. 169). A eucaristia é comunhão numa atitude de amor, de humildade, de partilha do alimento concreto para expressar a partilha espiritual, pois Deus se expressou na história e morreu, partiu-se por todos nós. O cristianismo não é um intimismo, uma abstração, mas parte da história para transcender. É preciso que a salvação aconteça no mundo nos atos concretos da comunidade, que se reflete na vida de cada cristão, ganhando o mundo. Por isso, eucaristia implica vivência fraterna no amor, no perdão, a nova vida como Cristo viveu. O batismo e a eucaristia devem ser experiência de vida cristã:

> O cálice de bênção que abençoamos, não é comunhão com o sangue de Cristo? O pão que partimos, não é comunhão com o corpo de Cristo? Já que há um único pão, nós, embora muitos, somos um só corpo, visto que participamos desse único pão (1Cor 10, 16-17).

Então: "Portanto, meus irmãos, quando vos reunirdes para a Ceia, esperai uns pelos outros" (1Cor 11-33). Aquilo que se celebra deve se concretizar nos atos.

Em Ef 1,13-14, Oñatibia considera que há "uma descrição detalhada da estrutura da iniciação cristã" (Oñatibia, 2007, p. 44). O trecho faz parte do hino de louvor (Ef 1,3-14) que pode ser considerado uma síntese teológica quanto ao projeto redentor de Deus em Cristo (cf. Mazzarolo, 2013, p. 34). Depois da bênção (Ef 1,3), o autor expõe a teologia da redenção na qual Deus nos escolheu para sermos filhos adotivos em Cristo (Ef 1,5-6), e em Cristo tudo se esclarece pois nele Deus deu a conhecer o mistério (Ef 1,9) e é em Cristo que se realiza o batismo no selo do Espírito (Ef 1,13-14).

Diante do exposto, entendemos que o Novo Testamento compreende a iniciação cristã a partir do sentido de *mystérion*, visto que o mistério é Cristo com sua cruz, morte e ressurreição (Ef 3,3-10). Portanto, todas as suas ações, palavras mensagens são mistérios (*mystéria*) que continuam em sua Igreja, um só corpo dos batizados em Cristo. A Igreja é o espaço da iniciação cristã que conduz a uma experiência de vida sacramental. Há um entendimento claro que emana dos textos de que o batismo insere no mistério de Cristo por intermédio da Igreja, que se conforma como espaço dos mistérios. Dessa forma, quando os primeiros cristãos pensam em *sacramentum*, entendem como revelação do *mystérion/mysterium*, como uma experiência que configura a Cristo. Há uma centralidade cristológica do mistério e da iniciação cristã: iniciar-se é ser batizado, receber o Espírito, participar da ceia eucarística, vivendo uma vida eucarística na "fração do pão". O partir o pão é uma vida nova concreta. Assim, experiência é vida cristã, é viver imitando a Cristo: "sede meus imitadores" (1Cor 11,1). O batismo engloba o recebimento do Espírito, não há batismo sem o Espírito, pois é pelos seus dons que os cristãos são impulsionados à missão: batismo-unção-ceia são um conjunto unitário de iniciação, significando a sua completude. A unidade é uma categoria teológica: unidade entre Antigo e Novo Testamento, apesar das diferenças e descontinuidades, unidade entre os sacramentos, apesar das especificidades. Para participar da ceia é necessário o batismo; o batismo em Cristo pressupõe o recebimento do Espírito, seja antes ou depois do batismo. A eucaristia vivifica, aprofunda o batismo e a unção, por isso se repete. É das páginas do Novo Testamento que nascerá o sentido de sacramentos-mistérios a partir do desenvolvimento da iniciação cristã, tanto que no século III a tradição apostólica de Hipólito de Roma já descreve um processo de iniciação bem completo (Hipólito, 1971, p. 46-60). Dessa mesma época, Tertuliano, com seu tratado acerca do Batismo, também apresenta um processo bem delineado de iniciação cristã.

Nas páginas do Novo Testamento, os primeiros cristãos entendem mistério como o projeto de Deus que se revelou em Jesus Cristo (Ef 3,9-11) e, por meio dele, Deus nos convidou a sermos seus filhos (Ef 1,3-6). O convite à filiação é uma chamada a experimentar a vivência desse mistério no Espírito, fazendo parte de um mesmo Corpo (Ef 3,3-7). A ação do Pai, que nos torna filhos por intermédio do Filho no Espírito, revela a ação trinitária de Deus não como um conhecimento inatingível reservado aos perfeitos, como entendiam as religiões místicas, mas como ação do próprio Deus na história da qual todos são chamados a participar. Essa participação, esse tornar-se filho, essa pertença, necessita de um caminho, de uma iniciação, mesmo que essa palavra não se encontre. Para viver essa experiência de filiação é preciso uma resposta, acolhida na fé, que não ocorre de forma mágica ou instantânea; é preciso ser batizado no Espírito para pertencer à família, ao Corpo de Cristo: "Pois fomos todos batizados num só Espírito para ser um só corpo, judeus e gregos, escravos e livres, e todos bebemos de um só Espírito" (1 Cor 12,13). O batismo é, no Novo Testamento, a forma de ingresso na vida cristã, é mergulho na nova vida, morrendo e ressuscitando com Cristo:

> Ou não sabeis que todos os que fomos batizados em Cristo Jesus, é na sua morte que fomos batizados? Portanto, pelo batismo nós fomos sepultados com ele na morte para que, como Cristo foi ressuscitado dentre os mortos pela glória do Pai, assim também nós vivamos vida nova (Rm 6,3-4).

O batismo nos conecta a Cristo e à sua ação salvífica, bem como ao mistério Pascal. O Novo Testamento é a raiz estruturante para a iniciação cristã. O mistério é a presença de Deus na história, na união entre divino e humano, que, logo depois de sua morte e ressurreição, continua presente em sua Igreja, em sua comunidade no Espírito. Comunidade que se torna um corpo no Corpo de Cristo pela graça do Espírito, que reúne todos os filhos no Filho. Pertencer a esse corpo é filiar-se, é tornar-se filho de um Pai. O ingresso nessa comunhão mística ocorre por meio do batismo, o qual conduz à ceia da comunhão, à vivência da experiência de Deus. Esse sistema de iniciação se desenvolverá nos três primeiros séculos, porém seu auge ocorre nos séculos IV e V com o processo catecumenal, com as catequeses mistagógicas e com o sentido pleno de sacramentos-mistérios.

2.2 Os sacramentos-mistérios nas catequeses mistagógicas de Cirilo de Jerusalém e Ambrósio de Milão

Neste tópico pretendemos demonstrar que o pleno desenvolvimento do sentido de sacramentos-mistérios, no século áureo da iniciação cristã, explicita-se nas catequeses mistagógicas. Escolhemos, à guisa de exemplificação, as catequeses de Cirilo de Jerusalém e de Ambrósio de Milão; o primeiro por ser da tradição pastoral oriental e o segundo, da ocidental. Apesar de tradições diferentes, expressam pontos de contato que evidenciam a unidade da Igreja.

No período da Patrística, os denominados Padres da Igreja desenvolveram o conteúdo do termo *mystérion*, em consonância com o sentido neotestamentário: a vontade de Deus que se revela e realiza em Cristo (Rm 16,25), a saber, as ações salvíficas concretas da história de Jesus são mistério tais como a natividade de Cristo, a Encarnação de Jesus, o batismo. Inácio de Antioquia, no século II, fala do batismo como *mystérion*, em Ign. Mg. 9,1, que é considerado "o texto patrístico mais antigo de uma teologia mistérica batismal" (Finelon, 2015, p. 37). Aos poucos, os Padres utilizam o termo *mystérion* como sinônimo de outras ideias a fim de demonstrar "a relação e a unidade dos eventos da antiga e da nova aliança" (Finelon, 2015, p. 36). Os Padres aprofundam uma ligação que já se encontrava presente na forma de interpretar a dinâmica da salvação: havia uma mentalidade escatológica já presente no Antigo Testamento, desde o cativeiro, quando os profetas anunciavam as promessas de Deus, sendo que a pregação apostólica testemunhou que, em Cristo, essas promessas se cumprem (Daniélou, 2013, p. 30-31). Essa mentalidade se expressa numa forma de fazer teologia, a tipologia bíblica, numa correspondência entre o Antigo e o Novo Testamento que continua na sua Igreja, nas suas ações (Daniélou, 2013, p. 30-31). Segundo Daniélou, há uma "tipologia sacramentária ao lado da tipologia cristológica" (Daniélou, 2013, p. 31). Essa tipologia já se encontra no Novo Testamento: "O Evangelho de João nos apresenta no maná uma figura da eucaristia. A primeira Carta aos Coríntios nos apresenta, na travessia do Mar Vermelho, uma figura do batismo" (Daniélou, 2013, p. 31). O termo *mystérion* significará, assim, ações salvíficas de Deus em Cristo e, por conseguinte, na Igreja.

 O termo *mystérion*, no século IV, tem relevo no campo litúrgico-sacramental, principalmente no processo catecumenal de iniciação cristã no qual a mistagogia era o tempo especial (Costa, 2014, p. 136). Nesses quatro primeiros séculos, a palavra grega *mystérion*, no ambiente latino cristão, foi transliterada para *mysterium*, porém, a partir do século III, Tertuliano emprega o termo *sacramentum* para o batismo e para a eucaristia. Esse termo era do campo jurídico-militar, de modo que seu significado etimológico tem o sentido de "instrumento", isto é, de um meio para o sagrado. Essa tradução, esse uso de *sacramentum* para se referir a *mystérion*, ocorrera aos poucos; assim, de acordo com Grossi (Grossi, 2010, p. 1493), desde o século II os tradutores das comunidades bíblicas latinas já usavam o termo *sacramentum* para indicar mais concretamente "sinal sagrado". Dessa forma, "os *sacramenta* do verdadeiro Deus e os *sacra* dos pagãos traduzem o termo *mystérion*" (Grossi, 2010, p. 1493). Ocorre uma movimentação de sentido do termo *sacramentum*, o qual vem da linguagem militar para designar mais concretamente o sentido abstrato de *mystérion*, porém acaba recuperando o sentido de *mystérion*, de modo que os dois termos se tornam sinônimos:

> Pouco a pouco, *sacramentum* recuperou os significados de *mystérion*, e os dois termos se tornaram sinônimos; com o emprego da metonímia, *sacramentum* passou a designar o próprio conteúdo da iniciação batismal e as figuras bíblicas, os acontecimentos tipológicos, as doutrinas próprias do cristianismo (Grossi, 2010, p. 1493).

Cabe ressaltar que Tertuliano é quem visibilizará o sentido teológico de sacramento, como afirma Finelon:

> Nos textos de Tertuliano, se encontra o primeiro emprego teológico do termo *sacramentum*. Na verdade, partindo da teologia bíblica, o autor africano dá continuidade à teologia econômica, ressaltando as relações entre Antigo e Novo Testamento e à centralidade de Cristo nesta história. Todavia, dá um passo além, pois chama de *sacramentum* tanto o batismo, quanto a eucaristia. Estas duas realidades celebrativas da Igreja são sacramentos porque manifestam a salvação e a atualizam na vida dos seus participantes. O autor ainda faz alusão à relação entre o voto prometido do soldado romano e a adesão do catecúmeno ao símbolo da fé, na celebração do batismo (Finelon, 2015, p. 50).

Essa tradução de mistério para sacramento expressa uma concepção de que o simbólico expressava uma realidade, um evento. Os sacramentos como mistérios expressavam o evento Cristo na dinâmica da sua vida, morte e ressurreição, um Deus que entrou na história e revelou a trinitariedade divina. A iniciação cristã, com as catequeses mistagógicas, buscavam demonstrar que a experiência celebrativa era local da história da salvação:

> Na mistagogia cristã se tem um implicar-se/desdobrar-se do divino na história, confiado ao rito, isto é, ao símbolo sacramental. A visão tipológica, que está na base da mistagogia, descobre os "tipos/figuras" que no curso da história dão razão aos sinais sacramentais, preenchendo-os com o significado de Cristo (Grossi, 2010, p. 1498).

O encontro mistério/sacramentos conduzirá a uma terminologia litúrgico--sacramental patrística que expressa o simbolismo como meio de comunicação objetiva: os sacramentos-mistérios têm uma "realidade de presença diferente da originária, mas igualmente real" (Marsili, 1992, p. 1060). Entende-se que os Padres, ao discorrerem a respeito do batismo, da unção e da eucaristia, os entendem como elementos de um conjunto que une liturgia, escritura, tradição, fé e espiritualidade a partir do mistério pascal de Cristo:

> O significado dos sacramentos pode ser colhido junto aos Padres da Igreja só em um quadro de conjunto, no âmbito dos sinais rituais como ligação e expressão do culto cristão a Deus e à *traditio*/transmissão do Evangelho no *sensus Ecclesiae* de crer e de orar (Grossi, 2010, p. 1485).

Os sacramentos para os Padres não são rituais convencionais, pelo contrário, expressam o conjunto da obra da salvação; são o espaço sagrado da experiência de Deus. Podemos perceber isso com clareza no desenvolvimento da iniciação cristã no processo catecumenal que tinha uma visão de conjunto unitário que envolvia os ritos do batismo, da unção do Espírito e da memória da última ceia numa "sacramentária unitária" (Grossi, 2010, p. 1507). Assim, sacramentos-mistérios expressam uma mentalidade que une os aspectos teológicos da salvação:

> Ao lado da questão terminológica do "mistério-sacramento-mistagogia" que estava em maior evidência, ou seja, um vocabulário a elaborar, no período patrístico veio se articulando uma sacramentária (ritos – sacramentos) de imposição unitária, não era dividida entre momento litúrgico-pastoral, antropológico e comunitário (eclesial e social), trinitário-cristológico, se bem que as tonalidades expressivas de cada sacramento como do seu conjunto fossem certamente distintas (Grossi, 2010, p. 1507).

Iniciar, na Igreja Antiga, é sobretudo conduzir os neófitos a viverem a experiência sagrada do encontro com Deus, a viverem a experiência do mistério nos mistérios. Essa experiência de iniciação gozava de um dinamicismo concreto no qual o elemento litúrgico-celebrativo era fundamental para o processo de iniciação, pois batismo-unção-eucaristia não eram ritualidade tão somente, eram tempo-espaço da presença de Deus, daí a necessidade de uma compreensão de todo movimento simbólico celebrativo; era, em suma, a etapa mistagógica. A mistagogia cristã teve seu pleno desenvolvimento no século IV "centrada sobre a explicação aos batizados (os *fideles* ou iluminados) dos mistérios cristãos..." (Grossi, 2010, p. 1496). As dimensões cristológica, pneumática e eclesiológica dos sacramentos, na formação catecumenal, se explicitavam por intermédio das denominadas catequeses mistagógicas que eram realizadas depois das celebrações sacramentais:

> Em suas grandes linhas, podemos observar que a formação propriamente catecumenal se realizava mediante a catequese bíblica, centrada na narração da História da salvação; a preparação imediata ao batismo, por meio da catequese doutrinal, que explicava o Símbolo apostólico e o Pai-nosso, recém-entregues, com suas implicações morais; e a etapa que sucedia os sacramentos de iniciação, mediante a catequese mistagógica, que ajudava a interiorizar tais sacramentos e a incorporar-se na comunidade (Costa, 2014, p. 108).

O catecúmeno ingressava num processo de escuta da Palavra, de vivência celebrativa e de aprofundamento da vivência celebrativa. Nesse processo, as catequeses mistagógicas visavam a conduzir os neófitos à compreensão do sentido teológico e simbólico dos ritos litúrgicos do batismo, da unção e da eucaristia, expressando a importância de se vivenciar gradualmente a graça recebida na celebração. Conduzir o neófito ao mistério implica que para ser cristão não basta um entender doutrinas ou um assentimento moral, é preciso encontro com uma pessoa, Jesus Cristo, o qual confere uma mudança existencial, um renascimento, uma maneira de ser mergulhado no amor e na alegria, que integra todas as dimensões. Esse encontro se desenvolve na comunidade, espelho da triunidade do Deus cristão.

As catequeses mistagógicas eram homilias centradas nas escrituras e no litúrgico-simbólico, porque os ritos, os gestos, as palavras, o litúrgico-sacramental expressava um acontecimento: o mistério pascal do Senhor (cf. Costa, 2014, p. 79). Para os primeiros cristãos, era necessário ter plena consciência da graça ofertada por meio dos sacramentos, por isso a celebração dos sacramentos de iniciação era uma etapa fundamental e fundante da vida cristã, a qual não se encerrava na celebração, e, em virtude disso, precisava ser aprofundada num caminho mistagógico: "é importante observar que, para os Padres da Igreja, na categoria de neófitos estão não apenas os recém-batizados, mas todos os fiéis" (Costa, 2014, p. 79). Fato que revela a compreensão de um processo de caminho permanente para o desenvolvimento da fé, sendo que a catequese mistagógica se situa mais como uma orientação mistagógica que percorre toda a vida cristã. Findada a celebração dos sacramentos, os fiéis participavam da comunidade, acompanhando os ensinamentos homiléticos:

> Essa orientação catecumenal específica dirigia continuamente os fiéis para o redescobrimento e para a celebração da Palavra de Deus e da morte e ressurreição do Senhor não apenas como mais um conteúdo catequético, mas

como mistério que penetrava toda a sua vida pelo Espírito de Deus (Costa, 2014, p. 113).

Essas catequeses são verdadeiras teologias porque mostrarão a ação de Deus na economia salvífica presentificando-se por intermédio dos mistérios, dos sacramentos, principalmente os do batismo e da eucaristia. No século IV encontramos os principais textos:

> Os principais documentos que refletem tal *práxis* são as *Catequeses*, de Cirilo de Jerusalém (348-351); as *Homilias catequéticas*, de Teodoro de Mopsuéstia (388-428); as *Catequeses batismais*, de João Crisóstomo (388-397); os *Tratados sobre os sacramentos e os mistérios*, de Ambrósio de Milão (380-397); os *Discursos catequéticos*, de Gregório de Nissa (388-396) *e A instrução dos catecúmenos*, de Agostinho (413-426) (Costa, 2014, p. 41-42).

Dentre esses textos, o *Catequeses mistagógicas* de Cirilo de Jerusalém, bem como o *Sobre os Sacramentos* e o *Sobre os mistérios* de Ambrósio, que se dirigem aos neófitos recém-batizados para explicar-lhes o sentido dos sacramentos da iniciação cristã, expressam o sentido místico dos sacramentos, testemunhando a importância da mistagogia para a iniciação Cristã e a estrutura teológica unitária dos sacramentos da iniciação cristã (Pacheco, 2010, p. 179). Essa mentalidade unitária salvífica perpassa a correspondência entre os dois Testamentos na tipologia, continua na Igreja e em suas ações proféticas, caritativas e litúrgicas-sacramentais, e se desenvolve nos sacramentos da iniciação cristã. Assim, o mistério revelado em Cristo continua nos mistérios de sua Igreja e os sacramentos são espaço dos mistérios, são, pois, sacramentos-mistérios.

As catequeses mistagógicas de Cirilo e de Ambrósio demonstram que batismo-unção e eucaristia têm um desenvolvimento unitário na história da salvação. Batismo-unção-eucaristia pertencem ao âmbito das ações comunicativas de Deus ao longo da história da salvação. Não pretendemos e nem podemos fazer uma exegese dos textos de Cirilo e Ambrósio, uma vez que nossa intenção será salientar os aspectos principais que evidenciem o sentido místico dos sacramentos da iniciação, ou seja, sua pertença à história salvífica iniciada no Antigo Testamento, plenificada em Cristo e continuada pela ação do Espírito na Igreja e nas suas práticas. A escolha dos referidos autores ocorre em virtude de serem representantes de duas tradições eclesiais e pastorais, Cirilo da tradição oriental e Ambrósio da tradição ocidental. Embora de diferentes tradições, ambos testemunham a unidade da Igreja.

Cirilo de Jerusalém e Ambrósio de Milão pertencem ao contexto histórico inicial da virada constantiniana no qual o cristianismo começa a ser aceito até tornar-se a religião oficial do Império, ocasionando mudanças no agir pastoral e, nos séculos seguintes, um declínio do catecumenato. Cirilo, que foi bispo de Jerusalém no século IV, deixou uma obra vasta, dentre elas, as *Catequeses mistagógicas* na qual trata da explicação dos sacramentos da iniciação cristã àqueles que foram recém-batizados na Páscoa. São cinco catequeses: a primeira versa acerca da renúncia e da profissão de fé batismal trinitária, a segunda, do batismo, a terceira, da unção, a quarta, da eucaristia e a quinta, da celebração eucarística. Já Ambrósio, testemunha da tradição ocidental, segue, em geral, os ritos de iniciação da Igreja de Roma (Pacheco, 2010, p. 173), e nos seus escritos catequéticos, especificamente *Sobre os Sacramentos* (*De Sacramentis*) e *Sobre os mistérios* (*De Mysteriis*), pode-se evidenciar o caráter mistérico do sentido de sacramentos.

Esse ensinamento acerca dos mistérios ocorre depois da celebração dos sacramentos; os recém-batizados já têm conhecimento dos eventos da Escritura e do ensinamento moral, agora, os neófitos entrarão em contato "com o sentido do que se passou" (Cirilo, 2015, p. 552) durante o batismo. Cirilo explica cada ação, cada gesto e frases pronunciadas durante a celebração em consonância com os eventos do Antigo e Novo Testamentos: "Ora, é preciso que saibais que na história antiga há uma figura desse gesto" (Cirilo, 2015, p. 552). Os gestos não são aleatórios, há uma razão incrustrada na história que desvenda seu sentido: o evento da libertação do povo hebreu. No entanto, esse evento do Antigo Testamento se plenifica no Novo Testamento em Cristo, pois é a passagem da figura à realidade. Cirilo, seguindo os ritos da Igreja de Jerusalém – entrada no átrio, voltado para o Ocidente, a renúncia a todo mal, a profissão de fé trinitária – aos poucos conduz o neófito a compreender que aquilo que foi celebrado continua uma história que se renovou em Cristo, de modo que, da mesma forma, o próprio neófito foi renovado: "uma vez que fostes renovados e passastes do que era velho para o que é novo" (Cirilo, 2015, p. 554). Cirilo compreende o batismo como renovação, passagem do velho para o novo; o batismo é incorporar-se à morte e ressurreição de Cristo: "Num mesmo instante, morrestes e nascestes, e aquela água de salvação tornou-se para vós, ao mesmo tempo, sepulcro e mãe" (Cirilo, 2015, p. 554). Mais adiante (Cirilo, 2015, p. 556) vai explicitar que o batismo não consiste apenas em perdoar os pecados, mas nos torna participantes, integrantes de sua morte e ressurreição, ou seja, percebe-se o sentido de batismo como filiação: "O batismo não é visto por Cirilo apenas no seu caráter de purificação para recebimento pós-batismal do Espírito Santo. É entendido como participação nos sofrimentos de Cristo, o que confere ao batizado a graça da adoção à filiação divina" (Pacheco, 2010, p. 171).

O batismo em Cristo torna o batizado semelhante ao Filho de Deus e leva à unção. A unção é um desdobramento do batismo, pois Cristo, ao imergir nas águas, consagrou-as, e ao emergir o Espírito Santo desceu e permaneceu nele. Assim: "Também a vós de modo semelhante, depois que emergistes da piscina das águas sagradas, foi concedido a crisma, imagem real daquele com que Cristo foi ungido e que é, sem dúvida, o Espírito Santo" (Cirilo, 2015, p. 557). O batismo se realiza na trinitariedade, pois assim como o Pai ungiu o Filho com o Espírito Santo, assim também o batizado é ungido no Espírito pelo Pai, tornando-se participante da natureza de Cristo (cf. Cirilo, 2015, p. 557). Cirilo prossegue; ao tratar da eucaristia, enfatiza a íntima comunhão com Deus, que transforma os neófitos em "portadores de Cristo" (Cirilo, 2015, p. 559-560).

Nas catequeses mistagógicas de Cirilo podemos perceber as teologias de Paulo, (Rm 6), e de João (Jo 3) (cf. Pacheco, 2010, p. 171), a saber, o batismo como participação no sofrimento, morte e ressurreição de Cristo, como um novo nascimento como filhos no Filho. Batismo, unção e eucaristia são celebrados conjuntamente em momentos que se complementam. Assim, ser iniciado é ser batizado e ungido para, transformado, poder receber o corpo e o sangue do Senhor. Cirilo chama atenção o tempo todo para que os neófitos, compreendendo o sentido que vem das Escrituras, dos eventos salvíficos, possam transcender, ir além do que os sentidos mostram e, para isso, é preciso fé. Os mistérios dos sacramentos expressos simbolicamente nos gestos, nas palavras, compreendidos a partir das escrituras, são acessados somente se houver fé. Para ele "[...] o mistério, no rito, é sempre expressado em forma simbólica, isto é, realiza verdadeiramente o que significa" (Adriano, 2003, p. 29).

E é salientando a importância da fé que Ambrósio de Milão inicia sua catequese *Sobre os mistérios*. A salvação tem como mediação a história do mundo e a Escritura é a luz que ilumina essa história (Mazza, 2020, p. 38). Ambrósio, como Cirilo e os demais autores da patrística, utiliza o método tipológico por meio do qual relaciona os eventos do Antigo Testamento, do Novo Testamento e os ritos litúrgicos (cf. Mazza, 2020, p. 38). Dessa forma, segundo Mazza (cf. Mazza, 2020, p. 39), seu vocabulário está ligado a esse método exegético tipológico, então, mistério, sacramento, figura, forma, tipo, têm uma proximidade de significado, porém não são simplesmente sinônimos, porquanto visam a garantir a unidade da história da salvação:

> Trata-se, portanto, de um vocabulário que tem o objetivo de garantir a unidade da história da salvação, por meio dos dois Testamentos. Sucessivamente, pode ser empregado para indicar também a relação de unidade que existe entre a ordem da criação e a ordem da salvação, mas, sobretudo, é

utilizado para designar a unidade e a identidade entre a salvação a que se chega nos sacramentos e a salvação como foi realizada na história (Mazza, 2020, p. 39).

O que são os mistérios e o que são os sacramentos para Santo Ambrósio e de que maneira suas catequeses nos ajudam a compreender os sacramentos da iniciação cristã como um tempo-espaço além do ritual e como um *locus* temporal da experiência de Deus? Em *Sobre os mistérios*, Ambrósio deixa claro que esse momento catequético é diferente do anterior (quando os aspirantes adquiriam conhecimento literal das narrativas bíblicas e o ensinamento moral), pois os agora neófitos encontram-se em uma nova circunstância, já celebraram os sacramentos e, por isso, o autor vai "falar dos mistérios" e dar "a explicação dos sacramentos" (Ambrósio, 1996, I, 2, p. 81). Apontando a fé como condição essencial para o batismo, o autor enfatiza o uso dos sentidos para despertar a memória do ouvinte e conduzi-lo à contemplação dos mistérios. É preciso recordar o que se viveu, aquilo que os sentidos nos fizeram tocar, ouvir e ver. Seguindo o rito da Igreja de Milão, Santo Ambrósio começa sua catequese recordando "O que fizemos no sábado?" (Ambrósio, 1996, I, 2, p. 31), e a partir da recordação do que se viveu no celebrativo o autor explica o significado do batismo, tendo como fonte a Escritura, relacionando os eventos do Antigo e Novo Testamento.

O primeiro aspecto a ser enfatizado é que, ao longo de suas catequeses, os sentidos da audição e da visão ("escuta", "viste") têm importância primordial, bem como as ações ("renunciaste", "aproximaste"), o que indica a necessidade de trazer para o presente o fato vivido para o ressignificar a partir do sentido objetivo: "Ambrósio pretende demonstrar que os neófitos experimentam o mistério salvífico, iniciado nos tempos bíblicos e continuados nos ritos da Igreja" (Benedito, 2019, p. 133). Ambrósio conduz o neófito a utilizar a memória, revivendo a celebração, e meditar a seu respeito na escuta do sentido que vem da Escritura, o qual ilumina o vivido na celebração e vai conduzindo o neófito ao mistério:

> Em seguida, te aproximaste, viste a fonte, viste também o sacerdote junto à fonte. Nem posso duvidar que em teu ânimo não poderia acontecer o que aconteceu naquele sírio de Naamã, o qual, embora purificado (entretanto antes duvidava). Por quê? Vou dizer. Escuta. Entraste, viste a água, viste o sacerdote, viste o levita. Por acaso alguém diria: Isso é tudo? [...]. Viste aquelas coisas que pudeste ver com os olhos do teu corpo e com os olhares humanos; não viste aquilo que se realizou, mas o que se vê (Ambrósio, 1996, I, 9, p. 33).

Ambrósio busca conduzir os neófitos a um caminho de transcendência que parte do visível, do dado antropológico, dos meios humanos, para se chegar ao invisível, àquilo que se "realizou". Essa realização não é algo abstrato porquanto o batismo, apesar de invisível, está incrustado na história da salvação (a passagem dos judeus pelo mar, a cura de Naamã no Jordão), no entanto, em Cristo, há um novo momento, pois se os judeus que atravessaram o mar morreram no deserto, agora há uma nova fonte: "aquele que passa por esta fonte não morre, mas ressuscita" (Ambrósio, 1996, I, 12, p. 34). Essa fonte contém a graça de Cristo no Espírito, pois ao mergulhar na água no rio Jordão, Cristo está assumindo visivelmente nossa história e o Espírito Santo desce com Ele: "Vê que toda justiça está assentada no batismo" (Ambrósio, 1996, I, 15, p. 35).

O Batismo de Jesus no Jordão demonstra a forma como a ação trinitária de Deus se expressa na história: é o Filho que mergulha, que desce na história e o Espírito desce com Ele, mas a voz que orienta é a do Pai. O batismo é presença trinitária de Deus na história, na vida de cada batizado. Qual é a fonte do batismo? Ambrósio responde conjugando a teologia paulina à joanina (cf. Pacheco, 2010, p. 176): "Vê onde deves ser batizado, de onde vem o batismo, senão da cruz de Cristo, da morte de Cristo. Aí está todo o mistério: ele sofreu por ti" (Ambrósio, 1996, II, 6, p. 34) O batismo, que no Antigo Testamento era figura, em Cristo, na sua morte e ressurreição, se realiza plenamente. O batismo para Ambrósio, assim como para Cirilo, é participação na morte e ressurreição de Cristo, de modo que todo aquele que mergulha na água do Espírito morre e ressuscita em sua graça, é "regeneração": "Neste sentido, Ambrósio desenvolve toda uma doutrina da graça que perpassa toda a história da salvação cujo fim é a redenção do ser humano através da incorporação à morte e ressurreição de Jesus nos sacramentos de iniciação cristã" (Pacheco, 2010, p. 176). O batizado é incorporado ao que Cristo viveu, à sua dor, e à sua glória, portanto, o batismo regenera, gera de novo, torna o batizado filho do Pai em Cristo. Essa ação regeneradora completa-se com a unção, o *myrum*:

> Ontem falamos da fonte, cujo formato tem certa aparência de sepulcro, no qual nós, que cremos no Pai e no Filho e no Espírito Santo, somos recebidos e imersos; depois, ressurgimos, isto é, somos ressuscitados. Recebe também o *myrum*, isto é, o unguento, na cabeça (Ambrósio, 1996, III, 1, p. 47).

Ambrósio associa a unção, depois do sair da água, à ressurreição, pois é feita na cabeça "onde reside o sentido do homem sábio" (Pacheco, 2010, p. 177).

A unção complementa, aperfeiçoa a obra, que é uma ação regeneradora do Pai: "O que é regeneração? Nos Atos dos Apóstolos encontras que aquele versículo que se diz no salmo 2: 'Tu és o meu Filho, eu hoje te gerei' parece se referir à ressurreição (Ambrósio, 1996, III, 2, p. 47). Assim como Cristo realizou a vontade do Pai livremente, conscientemente, demonstrando ser seu Filho, o batizado torna-se filho no Filho para livremente, conscientemente, realizar a vontade do Pai. É preciso que o Espírito infunda seus dons para que se possa realizar a vontade do Pai. Findado o lava-pés e a entrega das vestes, os neófitos recebem o selo do Espírito Santo com os dons e, assim, estão em condições de participar da ceia do Senhor. Para Ambrósio, o mistério é o plano de Deus expresso na história da salvação[20]. Os sacramentos expressam a exterioridade do mistério, expressam seu plano visível (Adriano, 2003, p. 32).

As catequeses mistagógicas de Ambrósio e de Cirilo de Jerusalém demonstram como os Padres nos primeiros séculos compreendiam os sacramentos de iniciação: batismo-unção-eucaristia são um conjunto unitário que se desenvolve em momentos celebrativos; o batismo não é apenas um rito, é um tempo novo que culmina na eucaristia. Na unidade dos sacramentos da iniciação há uma unidade teológica, pois o banho, a unção e a nutrição são meios de incorporação a Cristo, de participação no mistério, pois pelo batismo o cristão se torna filho de Deus, ungido pelo Espírito para participar da ceia comunitária. A mistagogia visa a levar o fiel a perceber o sentido de celebrar, a internalizar, a viver como filho de Deus, aberto à orientação do Espírito numa comunidade eclesial, comunidade que se reúne na mesma mesa. Iniciar é tornar-se Filho de Deus em Cristo e movido pelo Espírito para formar comunhão.

Os Padres valorizavam a experiência, a *dynamis* interior que leva a uma mudança externa; não estavam preocupados com conceituação dos sacramentos. Cirilo de Jerusalém e Santo Ambrósio demonstram bem isso. Santo Ambrósio tem a peculiaridade de, apesar de pertencer à tradição ocidental, ter influência da tradição oriental: era um conhecedor do grego, e, de certa forma, sintetiza essas tradições, além de, junto com Gregório de Nissa, ser considerado, no Ocidente, um dos fundadores da espiritualidade litúrgico-sacramentária (Grossi, 2010, p. 1509). Ambos os autores buscam não conceituar o batismo ou a eucaristia, e sim levar a uma experiência, conduzir ao sentido profundo do que foi externado no rito, no momento celebrativo. Esse sentido profundo pode ser desvendado por

---

20. Seguimos aqui Enrico Mazza que cita Francesconi: "A descoberta do '*mysterium*' torna-se, assim, a percepção de um projeto unitário de Deus que vai se manifestando como história da salvação" (Mazza, 2020, p. 40).

intermédio da hermenêutica das Escrituras. Assim, Palavra-vida-celebração são presença de Deus cujo centro é Jesus Cristo com seu mistério.

Nesses dois autores fica evidente o sentido de unidade dos sacramentos da iniciação cristã, o qual não implica uniformidade de ritos e de tempos, mas sim unidade teológica trinitária, pois a partir do Filho se revela plenamente a ação do Pai no Espírito. Longe de ser uma ação intimista, as catequeses mistagógicas evidenciam os sacramentos como ações incrustadas na história, tanto nos eventos do Antigo como do Novo Testamento. É precisamente por estarem vinculados a uma história, a um evento, é que os sacramentos contribuíam para a ressignificação do viver do cristão, pois batizar-se era participar de uma história que estava em andamento, que teve um fato pleno na cruz de Cristo, na sua vida, nas suas dores, e na ressurreição, na alegria do Espírito e na comunhão fraterna, assim como na convivência com o próximo. Os sacramentos como mistérios expressavam um projeto de Deus desde a criação.

2.3 A fragmentação da unidade batismo-unção-eucaristia

A partir da virada constantiniana começam a ocorrer mudanças que ao longo dos séculos levarão a uma nova configuração do sentido dos sacramentos na vida da Igreja e na vida dos crentes. Três fatores históricos sucessivos foram causando modificações na prática pastoral cristã: Constantino, em 313 d.C., publica o edito de Milão, que concede liberdade religiosa a todos os cidadãos do Império Romano; em 380 d.C., o imperador Teodósio reconhece o cristianismo como religião oficial do Império; o terceiro fator foi a queda do Império Romano do Ocidente em 470 d.C. Com Constantino cessam as perseguições aos cristãos; depois, ao se tornar religião oficial, o cristianismo muda de posição no Ocidente, de modo que se batizar não é mais um autêntico desejo de seguir a Cristo, mas uma necessidade diante da mudança social e política. Se o rei é batizado, todo o povo passa a ser cristão; por fim, com a queda do Império Romano uma mudança estrutural entra em curso:

> Sem dúvida, tempo de paradoxos para a comunidade cristã: por um lado, consegue organizar as forças sociais e imprimir-lhe um espírito; mas por outro, paga um preço bastante elevado, a começar da substituição do clima fraterno e da índole efetivamente comunitária pelo oficialismo impessoal de uma grande instituição pública (Cola, 2020, p. 68).

O aumento do número de pessoas a serem batizadas, bem como a conversão em massa, era um problema, pois as comunidades não estavam preparadas, não tinham uma estrutura para realizar uma iniciação assim; desse modo, a preparação foi se realizando em menor tempo. O catecumenato vai desaparecendo, dando lugar a uma preparação para o batismo (Bollin; Gasparini, 1998, p. 65), uma instrução para se aprender os conteúdos da fé. Aqui se pode dizer que começa a fragmentação dos sacramentos da iniciação cristã porque se perde o sentido da iniciação à vida cristã e se volta para uma atitude de batizar como uma obrigação social. Se a sociedade toda é cristã, o não cristão se encontra em uma situação desfavorável, portanto, batizar é preciso. Logo, forma-se a mentalidade do batismo necessário para a salvação da alma, e com a ampliação das paróquias, o número insuficiente de bispos, no Ocidente, a crisma vai sendo reservada para depois do batismo e da eucaristia, ou seja, os sacramentos da iniciação não são mais realizados numa mesma celebração, porém a fragmentação decorre não apenas porque são celebrados em momentos diferentes; a fragmentação decorre porque desfez-se o sentido de iniciação à vida cristã. Começa a ser importante "receber e ministrar o sacramento"; é o que mais adiante se denominará sacramentalização ou catecumenato social (cf. Carvalho; Neto, 2022, p. 38). É o sacramento pelo sacramento, o sentido histórico-salvífico vai se perdendo juntamente com o sentido litúrgico.

Paulatinamente, no campo da teologia sacramental, começa-se uma busca por definir os sacramentos, o que, por sua vez, conduzirá a um campo abstrato, distanciado da dinâmica trinitária e eclesiológica. Já em Agostinho, de certa forma em virtude das contendas da sua época, pode-se vislumbrar uma abertura para posteriormente se buscar de uma definição conceitual de sacramentos, porém será a partir do segundo milênio que a permutabilidade que havia entre os termos *mystérion* e *sacramentum* foi se tornando cada vez mais distante. O termo *sacramentum* passou a indicar, embora não unicamente, porém cada vez mais, o aspecto ritual, de modo que progressivamente foi ficando reservado aos sete (Neunheuser, 1992, p. 760). Se, de início, na Igreja latina, mistério e sacramentos eram quase sinônimos, aos poucos "*sacramentum* salientará mais o sentido sacramental-ritual da Igreja, enquanto *mysterium* assumirá o significado de conteúdo intelectual da formulação teológica" (Cordeiro, 2006, p. 129) A partir do século XII[21], se inicia uma sistematização em busca da definição dos sacramentos que modifica inteiramente o tratamento dado pela teologia patrística: "Os Padres da Igreja iluminam o *mystérion* de tal forma que o veem como um todo, sem a necessidade de analisá-lo e observar isoladamente cada uma das

---

21. Período de florescimento da teologia escolástica, cujo auge ocorre no século XIII.

partes. A teologia escolástica, porém, enfoca subsequentemente cada uma das partes" (Faber, 2008, p. 54)

Hugo de São Victor (1141), influenciado por Santo Agostinho e pelo Pseudo-Dionisio, entende o sacramento "como elemento material sensível que designa e contém uma graça espiritual" (Larrabe; Simon, 1991, p. 338). Ele não fala do número dos sacramentos, mas já distingue batismo e eucaristia de outros ritos e interpreta os sacramentos como remédio para o doente, para o homem pecador (cf. Borobio, 2017, p. 37).

Pedro Lombardo (1160) introduz a noção de causalidade e de "*signum*", de modo que une essas duas noções, distinguindo o sacramento em sentido estrito, abrindo caminhos, de certa forma, para o setenário sacramental (cf. Adriano, 2003, p. 38). Para ele, "sinal" é o termo genérico da definição de sacramento, e "causa" ou causalidade é o elemento específico do sinal sacramental, que só ocorre, segundo ele, nos sete sacramentos ou "setenário" (cf. Borobio, 2017, p. 39). A partir de então, o número sete se impõe aos poucos e será "adotado pelo magistério no Concílio de Lyon em 1274 (DH 860)" (Faber, 2008, p. 54).

Aos poucos se elabora um vocabulário específico, técnico para sacramentos: "*sacramentum tantum*" (é o sinal visível do rito, gestos, palavras), "*res sacramentum*" (são os efeitos, o caráter, nos sacramentos que conferem, e o corpo e o sangue de Cristo na eucaristia), "*res tantum*" (a graça comunicada no sacramento) (cf. Adriano, 2003, p. 39). E se aprofundavam os debates em relação ao *opus operatum/opus operandi*, a intenção do ministro, a disposição de quem recebe, o caráter sacramental e a instituição dos sacramentos (cf. Larrabe; Simon, 1991, p. 338).

Ghislain Lafont (Lafont, 2000, p. 96), ao tratar do período entre 800-1153, observa que a liturgia se universaliza, porém dessa universalização resulta uma "individualização dos sacramentos", porquanto passam a ser entendidos como remédio, gerando uma preocupação com a sua eficácia, esquecendo-se do caráter simbólico (Lafont, 2000, p. 96). Um dos fatores dessa individualização é a progressiva ruptura no processo de iniciação cristã na alta Idade Média. A ruptura não implica apenas o fato de a confirmação ser celebrada em outro momento, e sim o rompimento da dinâmica da iniciação em virtude de uma mentalidade que não se foca mais numa vida cristã, mas que teme "a danação do não batizado" (Lafont, 2000, p. 97). Batizar-se é prioritariamente salvar-se do inferno, é um remédio estritamente necessário, individual, deixando os tempos litúrgicos em segundo plano. Além disso, segundo Lafont, "as controvérsias em torno da presença efetiva e do fim da comunhão dos leigos com o cálice provocam a separação entre batismo e eucaristia" (Lafont, 2000, p. 97). Se o sacramento é um remédio, há uma preocupação com o efeito, com a eficácia, deixando-se de lado o sentido experiencial simbólico.

A preocupação com a eficácia vai guiar a teologia sacramental de Tomás de Aquino: "De que modo os atos humanos, dos quais alguns exigem a utilização de elementos sensíveis (água, óleo, vinho, pão) podem produzir um efeito sobrenatural, dar a graça?" (Roguet, IX, 2013, p. 13). A eficácia só pode derivar de Cristo e, essa variedade, ele vai definir, unificar, como "sinal", que não é um vaso que contém o remédio, ele é o medicamento para o homem pecador. Então, o sacramento é um sinal que santifica: "um sinal sensível de realidades espirituais, que realiza a santificação em virtude da paixão de Cristo, e nos alcança a graça que é garantida a vida eterna" (Borobio, 2017, p. 40). A base, o fundamento, de todos os sacramentos é o evento pascal de Cristo, causa eficiente, sendo a causa formal a graça e as virtudes, e a causa final, última, a vida eterna (Adriano, 2003, p. 46). A relação de sinal-significado explica-se com as categorias de matéria e forma, *res et verba*, que constituem o sacramento, dois princípios que se complementam (Adriano, 2003, p. 47). A centralidade em Cristo conduz Tomás a enfatizar a presença e a eficácia da paixão de Cristo "que se atualiza na ação cultual dos sacramentos, pelos quais Cristo continua seu sacerdócio, e pelos quais se exerce o louvor a Deus e a santificação do homem" (Borobio, 2017, p. 41). Os sacramentos são necessários por conta das limitações humanas, apesar da gratuidade de Deus. Ele explica o setenário sacramental comparando as necessidades entre a vida sobrenatural e a vida natural e mostra as diversas relações que "unem todos os sacramentos àquele que é seu centro e ponto mais alto: a eucaristia" (Roguet, IX, 2013, p. 14). Santo Tomás consegue construir um edifício que vai determinar o sentido de sacramentos da escolástica e da Igreja.

Conforme Xavier Basurko, que segue Yves Congar, a escolástica se centrou demasiadamente em "bases cristológicas da ordem sacramental", deixando de lado a pneumatologia, a eclesiologia dos sacramentos, formando um "cristomonismo" que, sem a teologia da comunidade, resulta num individualismo e privatização do sacramento; ademais, o racionalismo escolástico quer definir, analisar, empobrecendo o conteúdo sacramental e, por fim, a cristandade medieval vive voltada para um além-mundo (cf. Basurko, 1991, p. 111).

Como se pode perceber, essa estrutura medieval levou a uma coisificação dos sacramentos, a um sentido muito distante daquele dos primeiros cristãos, levou a um afastamento do sentido histórico-salvífico dos sacramentos, por conseguinte a uma perda do sentido unitário bíblico-patrístico dos sacramentos da iniciação Cristã, uma vez que a celebração já não é percebida em ligação com a sua fonte principal, que é o mistério de Cristo (Carvalho; Neto, 2022, p. 41). É o que acontece, por exemplo, na eucaristia, conforme nos explica Marsili, que, para os Padres, "na celebração, *mediante o rito mistérico ou sacramental*, está presente a morte de Cristo ocorrida no passado", porém, na Idade Média, as mesmas palavras tinham o sentido de tornar presente somente a figura de sua morte, ou seja, o celebrativo perde seu conteúdo (Marsili, 1986, p. 106). A liturgia vai se tornando obrigação de ofício e fonte de espiritualidade para os ministros ordenados, os demais batizados cada vez mais "assistem" à celebração como se estivessem diante de um espetáculo, a assembleia se distancia do saber litúrgico (cf. Augé, 1998, p. 46). A comunidade se afasta do sentido do encontro para celebrar e se fixa no dado exterior dos ritos, o que gera uma assembleia cada vez mais passiva e alienada (cf. Cola, 2020, p. 70).

> A assembleia litúrgica eclesial não é mais o ambiente idôneo para a revelação e vivência dos mistérios cristãos. Ela é substituída pela escola, que assume o caráter doutrinário, e não mistagógico. A fé e seus conteúdos mistéricos são objeto de estudo e não de vivência ou experiência (Carvalho; Neto, 2022, p. 41).

A vivência mística passa a ser uma experiência dos santos, dos iluminados, e o devocionismo e outras práticas populares vão se colocando para preencher esse espaço (cf. Cola, 2020, p. 75). O final da Idade Média encontrará as assembleias passivas, segmentadas, e com o cultivo de uma piedade subjetiva, sentimentalista, cultivando devoções: "A centralidade do mistério pascal cede lugar à adoração ao santíssimo sacramento e outras devoções" (Carvalho; Neto, 2022, p. 41). É preciso ressaltar que essa piedade popular, ou devocionismo (peregrinações, romarias, a pregação itinerante dos frades mendicantes), em certo sentido constitui a experiência possível de espiritualidade, diante de uma situação de isolamento do fiel, de fraca participação litúrgica, pois preenchem um vazio (cf. Cola, 2020, p. 75).

Toda essa insatisfação desembocará na *Devotio* moderna dos séculos XIV-XVI, que tem como característica "a prática ascética e o metodismo na oração, não privada de afetuosidade, especialmente na meditação da vida de Cristo" (Augé, 1998, p. 48) É um movimento importante, porém, na busca por um encontro com Deus, rompe com o que é externo, a liturgia e os sacramentos, porque "o interiorismo religioso é a meta a ser alcançada" (Flores, 2006, p. 54). Esse movimento tem um dado importante que não se pode deixar de expressar, que é, na busca religiosa de Deus, a percepção de que a interioridade humana é habitada por Ele (Pedrosa-Pádua, 2015, p. 21) e se pode abrir ao amor ofertado ou se pode fechar a ele e se frustrar. Infelizmente, essa busca religiosa cairá num individualismo subjetivista, "um individualismo religioso":

> Para que se produza uma vida espiritual "nova", é preciso voltar-se para uma profunda vida interior, orientada para a imitação de Cristo, e que se deve alcançar através da meditação e da oração pessoal. É o verdadeiro momento do nascimento do individualismo religioso: a salvação não é tanto alcançada através dos mistérios de Cristo (sacramentos), que realizam o mistério de Cristo total, que é a Igreja, mas é o resultado de um esforço psicológico (Marsili, 1986, p. 80).

Chega-se à Idade Moderna em contenda com os reformadores, e o Concílio de Trento vai se pronunciar a favor dos sete sacramentos (Denzinger, 2015, p. 416, 1601), assumindo os princípios básicos da escolástica, o que gerou um entendimento por parte dos protestantes como uma posição em favor dos sacramentos em oposição à palavra e à fé, daí que com o decorrer do tempo os católicos terão a alcunha de "Igreja dos sacramentos" e os protestantes, de "Igreja da palavra" (cf. Basurko, 1991, p. 123). É o nascimento da era dos catecismos, centrados no conteúdo doutrinal (mandamentos de Deus, da Igreja, lista de pecados e virtudes em forma de perguntas e respostas), sendo a catequese uma maior atribuição dos pais. A catequese fica, assim, mais restrita à doutrina e como mera preparação para recepção dos sacramentos, que se afastam do sentido mistérico-salvífico, distantes do contexto eclesial e do antropológico, o que suscita uma mentalidade individualista e mágica (cf. Basurko, 1991, p. 125). A renovação da teologia sacramental, com o retorno do conceito de mistério e a redescoberta da necessidade do sentido de iniciação à vida cristã, somente dará sinais no início do século XX depois do desenvolvimento do movimento litúrgico, do retorno às fontes bíblico-patrísticas, das novas linhas do pensamento contemporâneo e do Concílio Vaticano II.

2.4 O retorno do mistério e da unidade dos sacramentos de iniciação cristã

O Concílio Vaticano II representou um momento muito especial na vida da Igreja. O século XX foi um tempo de efervescência no campo teológico e eclesial com reflexões transformadoras que levaram a florescer o Movimento litúrgico[22],

---

22. As raízes do Movimento litúrgico remontam ao Iluminismo, porém, concretamente seu início se situa no primeiro decênio do século XX (cf. Flores, 2006, p. 82-83).

que se conjuga com outros movimentos como o catequético e o retorno às fontes bíblico-patrísticas[23]. Toda essa vontade de renovação desemboca no Concílio Vaticano II, o qual abre muitas portas no campo pastoral, na relação da Igreja com o mundo, na busca de uma maneira mais dialogal para evangelizar. Ao compreender a Igreja como mistério, o Concílio renova a percepção que a Igreja tem de si mesma a partir do retorno à sua origem, isto é, aos primeiros cristãos: é um retorno para se poder caminhar em direção ao futuro, e enfatiza a sacramentalidade da Igreja como continuadora da obra de Cristo no mundo.

A teologia sacramental ganhará um impulso muito grande, no início do século XX, a partir da teologia dos mistérios de Odo Casel[24], que, ao realizar uma pesquisa profunda nas Escrituras, nos textos patrísticos e nos textos litúrgicos mais antigos, conclui que o conceito de mistério apresenta três sentidos: o primeiro é Deus nele mesmo, na sua transcendência e imanência; o segundo, a revelação de Deus em Cristo, com sua vida, morte e ressurreição; e o terceiro, o culto cristão como presença do Senhor (Casel, 2011, p. 18-19). Segundo Casel, o mundo busca o mistério, porém o verdadeiro mistério é revelado em Cristo, e a Igreja, pela ação do Espírito Santo, participa desse mistério, dessa obra redentora em Cristo presente nos mistérios, na liturgia e nos sacramentos (Casel, 2011, p. 20). A obra redentora de Cristo torna-se presente por intermédio dos símbolos do culto cristão feito de maneira sacramental, como uma mística da história da redenção, atualizando o próprio e único ato (cf. Flores, 2006, p. 180-181). Ele descobre o cristianismo como uma religião mistérica na qual Cristo é o centro principal que continua presente na liturgia e nos sacramentos, o culto é espaço de presença do mistério, ou seja, continua na sua Igreja: "Esse *mysterium* pode ser enunciado na única palavra *Christus,* designando ao mesmo tempo a pessoa do Salvador e seu Corpo místico que é a Igreja" (Casel, 2011, p. 22). Essa presença mistérica tem o vértice na eucaristia, mas os demais sacramentos têm natureza análoga à eucaristia (cf. Flores, 2006, p. 182).

O pensamento de Odo Casel contribui para evidenciar que o termo *mystérion/mysterium* unifica a tríade "Deus-Cristo/Igreja-ações sacramentais" (cf. Neunheuser, 1992, p. 764). Assim, recupera a dimensão objetiva da liturgia e a face de mistério dos sacramentos, resgatando seu fundamento histórico-salvífico

---

23. Por movimento catequético, seguimos os esclarecimentos de Moraes: "[...] o trabalho, mais ou menos organizado, de um grande número de agentes de pastoral, pastoralistas, pedagogos e teólogos que, articulados entre si nas suas práticas e reflexões, criaram e difundiram o processo de renovação da organização pastoral catequética" (Moraes, 2014, p. 263).

24. "Essa é uma doutrina que ajudou a descobrir a estrutura unitária e compacta do sistema sacramental. Graças a ela, volta-se aos grandiosos termos [...] com os quais os Padres da Igreja expressaram sua fé nas realidades sacramentais" (Flores, 2006, p. 202).

e abrindo caminhos para pensá-los numa perspectiva existencial, além de tratar do sentido pleno do simbólico como realidade. Redescobre a categoria de iniciação cristã "que transforma o homem em membro vivo de Cristo, em cristão" (Casel, 2011, p. 22). A teologia dos mistérios se desenvolve e se aprofunda com outros teólogos, como Guardini, Vagaggini, Warnach, Marsili.

Essa teologia é acolhida pelo magistério na *Mediator Dei* de Pio XII, quanto à presença de Cristo na liturgia pelo Concílio Vaticano II, com ênfase na *Sacrosanctum Concilium* e na *Lumen Gentium*, que são dois documentos dogmáticos que recuperam o sentido teológico de mistério como suporte para a nova compreensão de liturgia, de Igreja e de renovação da vida sacramental, e, portanto, de uma recuperação do sentido de iniciação cristã. Iremos considerar a seguir alguns aspectos da *Sacrosanctum Concilium* e da *Lumen Gentium* a fim de visibilizar a importância da recuperação do conceito de mistério; em seguida, trataremos da importância da retomada do sentido unitário da iniciação cristã.

A *Sacrosanctum Concilium* retoma a reflexão acerca do mistério, já no proêmio, quando apresenta a liturgia não mais como um tratado a respeito de ritos, e sim como obra de nossa redenção do mistério de Cristo (SC, n. 2). Na verdade, o programa do Concílio encontra-se na abertura da Constituição, que até mesmo leva o nome do Concílio, porquanto propõe fomentar, acomodar, favorecer, promover, ou seja, renovar a vida da Igreja, cuidando de maneira especial da reforma e do incremento da Liturgia (SC, n. 1). O Concílio vai integrar a liturgia como momento da história da salvação, retirando-a da posição juridicista e rubricista, conforme Marsili afirma:

> A Liturgia retomava o lugar de verdadeira "tradição", isto é, transmissão do mistério de Cristo através de um rito, que é ao mesmo tempo realização e revelação do mesmo mistério, de modo sempre novo e sempre adaptado ao suceder-se dos tempos e ao variar dos lugares (Marsili, 1986, p. 106).

Entendendo a liturgia como lugar do mistério de Cristo, o documento a apresenta na história da salvação na dimensão trinitária, como ação querida por Deus, realizada pelo Filho e que continua na Igreja repleta do Espírito e se efetiva na liturgia pelos sacramentos da iniciação, os quais inserem os homens no mistério pascal (SC, n. 5-6).

Toda a obra do Pai, em Cristo, desemboca em sua Igreja, na qual nasce a liturgia que celebra, no presente, a memória passada, impulsionando-nos ao futuro. A cada celebração litúrgica, principalmente a dominical, recorda-se o caminho da história da salvação desde a leitura dos textos do Antigo Testamento, com os salmos, passando para os textos do Novo Testamento e o Evangelho, até chegarmos à comunhão eucarística, que, como ceia do Senhor, em comunhão com todos, a todos glorifica. A liturgia é definida, já no primeiro capítulo, como "cume para o qual tende a ação da Igreja e, ao mesmo tempo, é a fonte donde emana toda a sua força" (SC, n. 10). Porém, a ação da Igreja não se esgota na liturgia, é preciso que os fiéis, nas suas vidas, vivam sua fé, testemunhando no mundo (SC, n. 9-10). É necessária a participação plena dos fiéis, consciente e ativa, para que possam viver efetivamente de maneira cristã. Para que isso aconteça, o documento aponta a necessidade de implementar a reforma dentro da tradição, mas com espírito aberto às mudanças (Neunheuser, 1992, p. 540-541). Dessa forma, deve-se ter os seguintes pressupostos: as ações celebrativas são ações da Igreja, caráter comunitário por excelência (SC, n. 26), como uma sinfonia de orquestra onde haja o regente e todos trabalhem em conjunto, visando a harmonia da celebração. Na estrutura da missa, a pregação deve retirar os temas da Sagrada Escritura e da liturgia, sendo momento também de breves esclarecimentos (SC, n. 35). Percebe-se uma necessidade de um ensinamento litúrgico, uma vez que o documento discorre acerca de uma "catequese litúrgica". Ao tratar do "mistério da eucaristia", o documento explicita o sentido originário do sacramento como "sacramento de piedade, sinal de unidade, vínculo de caridade, banquete pascal, em que Cristo nos é comunicado em alimento" (SC, n. 47) e afirma a necessidade de se aprender a viver eucaristicamente:

> E aprendam a oferecer-se a si próprios oferecendo a hóstia imaculada não só pelas mãos do sacerdote, mas também juntamente com ele e assim diariamente sejam consumados, tendo a Cristo como Mediador, unidos com Deus e entre si, para que Deus afinal seja tudo em todos (SC, n. 48).

A eucaristia não se realiza apenas num rito, é comunhão de vida com o próximo e com Deus; expressando amor e união, é a vivência do mistério pascal. O documento ressalta o caráter essencial dos sacramentos como a "santificação" dos homens, função espiritual, e "edificação" da Igreja e do culto, e, portanto, "alimentam", "fortalecem" e "exprimem" a fé (cf. SC, n. 59). O documento aponta os sacramentos como ações essenciais construtoras da Igreja; não são apenas sinais restritos ao culto, à celebração, eles se inserem na dinâmica viva da Igreja.

O Concílio expressa uma nova maneira de compreender a liturgia a partir do mistério, que é Cristo, uma prova do amor de Deus pela humanidade, o grande sinal carregado de conteúdo: "Cristo é o grande 'sacramento' primordial, a Palavra que se fez carne, e os sinais litúrgicos do culto cristão dizem respeito ao "sacramento" primordial" (Marsili, 1986, p. 126). Assim, os sinais litúrgicos cristãos expressam e efetivam o "real" e permanente mistério de Cristo porque efetuam a mesma realidade que eles refletem (cf. Marsili, 1986, p. 126). O Concílio Vaticano II, a partir do conceito de mistério, abre caminhos para se compreender a sacramentalidade da história da salvação, revalorizando o papel da história, da humanidade e da pessoa nessa comunicação de Deus: Cristo é a luz que nos insere no coração de Deus por desejo de Deus. Um novo entendimento de liturgia suscita um renovado entendimento de Igreja, pois a liturgia é o culto da Igreja, é ação da Igreja orante, que precisa refletir no mundo.

O primeiro capítulo da *Lumen Gentium* expressa a natureza e a missão da Igreja, que é ser mistério-sacramento, resgatando um sentido vitalizador para o campo sacramental porque evidencia o dinamismo trinitário da economia salvífica, bem como recoloca a natureza eclesiológica e pneumatológica dos sacramentos, além de expressar o dado antropológico de base. Os sacramentos não são ritos da Igreja, não são "administrados" para serem "recebidos" como uma graça mágica; os sacramentos são mediações pneumáticas eclesiais, são lugares reais de encontro com Cristo no Espírito. Todos os gestos, sinais e símbolos se inserem na história da salvação e presentificam o hoje da salvação na força do Espírito Santo.

No decorrer de séculos a Igreja viveu sob a eclesiologia de "sociedade perfeita", a qual entendia a Igreja como "sociedade dos verdadeiros cristãos, isto é, dos que foram batizados, creem e professam a doutrina de Cristo, participam dos seus sacramentos e obedecem aos Pastores por ele constituídos" (Pio, 1992, p. 105 *apud* Almeida, 2005, p. 74). A *Mystici Corporis* de Pio XII teria começado a corrigir essa concepção ao tratar da graça e dos carismas na realidade do corpo social da Igreja (cf. Almeida, 2005, p. 74), porém foi o Concílio Vaticano II que superou essa visão da Igreja ao entendê-la como *mystérion*, no sentido bíblico-patrístico, isto é, como "desígnio divino de salvação que vai se realizando e revelando na história humana" (Almeida, 2005, p. 75).

O termo mistério não se identifica com segredo, mas, como visibilidade de Deus na dinâmica trinitária, significa a Igreja na história "entre os tempos, ou seja, colocada entre a sua origem nas missões divinas e a sua plena realização na glória de Deus tudo em todos" (Almeida, 2005, p. 77). Recupera-se o sentido mais profundo da Igreja em consonância com as origens e com a relação com a Trindade: "Mistério é indubitavelmente o amor de Deus revelado plenamente em Jesus Cristo, à luz do Espírito, por desígnio do Pai, cabendo à Igreja ser, em Cristo, sacramento da união de Deus e a humanidade" (Gonçalves, 2005, p. 24). O mistério da Igreja se coaduna com a Igreja Povo de Deus, outro sentido bíblico que expressa a vocação à comunhão. Na verdade, a Igreja mistério se concretiza com a Igreja Povo de Deus, não como um povo separado, diferenciado da humanidade, mas como "sacramento visível da unidade salvadora" (LG, n. 9), como luz para todos os povos, numa abertura à humanidade, como elemento mediador entre Deus e a humanidade.

O Concílio evidencia a lógica da salvação revelada em Cristo e legada à sua Igreja: o acontecer de Deus na vida humana, que era projeto do Pai, é abraçado na missão de amor e doação do Filho e continua pela ação do Espírito em sua Igreja. Esse é o mistério da Igreja: ser um corpo místico pneumático a partir da morte e ressurreição de Cristo, que comunicou o seu Espírito.

Esse corpo místico nasce, se forma pelo batismo e vive; se constitui, na comunhão do pão (LG, n. 7), da qual se alimenta e cresce em Deus com seus ministérios e caminha no mundo como "assembleia visível e comunidade espiritual" (LG, n. 8). Esse corpo místico tem a missão de revelar ao mundo "o mistério de Cristo, até que por fim ele se manifeste em luz total" (LG, n. 8). A Igreja é o espaço de ação do Espírito Santo, é ele que move e impregna o ser da Igreja, seja interna, seja externamente; é, em suma, o mistério da Igreja. O Concílio se utiliza de um conceito da tradição para renovar a forma de compreender a Igreja e todas as instâncias pastorais e evangelizadoras.

A compreensão da Igreja como sacramento evidencia um sentido além do setenário, a saber, uma realidade mais abrangente e plena que ajuda a reconfigurar o sentido dos sete sacramentos e a perceber a responsabilidade do conjunto dos batizados. De acordo com Dionisio Borobio, o Concílio Vaticano II trouxe à tona as "realidades sacramentais", Cristo, a Igreja, o cristão (como sacramento existencial), e o próprio mundo como realidade criada, o chamado "sacramento cósmico" (cf. Borobio, 2009, p. 104-110). A Igreja se entende sacramento na condição de "sinal" de Cristo, visibilidade de Cristo, anunciadora de Cristo, peregrina nos passos de Cristo até encontrar sua glória escatológica. Dessa forma, cresce cada vez mais a consciência da responsabilidade dos batizados e da comunidade eclesial (Borobio, 2009, p. 109); daí decorre a preocupação expressa nos vários documentos com os processos de transmissão da fé a fim de que os cristãos a vivam na comunidade e no mundo, superando o dualismo entre vida na igreja e vida no mundo.

O Concílio Vaticano II abre um caminho que ainda estamos trilhando, seja com avanços, seja com recuos, bem como desafios para anunciar o Evangelho não apenas com palavras, mas com palavras e vida. Para que essa renovação efetivamente aconteça, é necessário repensar o processo de iniciação cristã, uma das instâncias fundamentais de transmissão da fé. O primeiro documento do Concílio, a *Sacrosanctum Concilium*, já recomenda a restauração do catecumenato (SC, n. 64) e a revisão do rito da confirmação a fim de se evidenciar a unidade da iniciação cristã (SC, n. 71).

Restaurar o catecumenato implica retomar o sentido unitário da iniciação cristã, uma vez que já não vivemos tempos de cristandade. É preciso um novo processo que entenda a iniciação cristã como iniciação à vida cristã, de modo que ser cristão é viver como cristão. Caso contrário, faz-se um contratestemunho. Segundo Lelo, era esse o propósito da comissão preparatória, ao incluir na SC os artigos 64, 65, 66 e 71: recuperar o sentido da iniciação "como uma nova forma de vida, que implica a mudança existencial da vida de uma pessoa para uma forma inteiramente cristã" (Lelo, 2005, p. 32).

Outro documento conciliar, o decreto *Ad Gentes*, ao tratar da atividade missionária da Igreja, dedicará parágrafos preciosos à iniciação cristã catecumenal (cf. AG, n. 14). De início, aprofunda e esclarece o número 64 da SC ao dizer que o catecumenato é o caminho para se ingressar na fé cristã pela Igreja por meio das cerimônias litúrgicas, não como uma exposição de dogmas e preceitos, e sim "uma educação para toda a vida cristã e um tirocínio de certa duração, com o fim de unir os discípulos com Cristo, seu Mestre" (AG, n. 14).

Educar é uma ação mais plena do que instruir; educar implica preparar a pessoa humana em várias dimensões. Só que há um objetivo bem claro nessa pedagogia, nessa condução: educar para a vida cristã significa aprender a conviver com Cristo, a se unir a Ele, pois, Ele é o Mestre. Portanto, os catecúmenos devem ser "convenientemente iniciados no mistério da salvação" em consonância com a "prática dos costumes evangélicos e pelos ritos sagrados" (AG, n. 14).

Há duas ações primordiais: a prática, a vivência pastoral e a celebração. Dessas ações os catecúmenos, nos tempos oportunos, são "introduzidos na vida da fé, da liturgia e da caridade do Povo de Deus" (AG, n. 14). Em sequência, *Ad Gentes* expressa o sentido triunitário dos sacramentos da iniciação cristã: o batismo mergulha o fiel na vida de Cristo, tornando-se filho adotivo, com a unção do Espírito, para junto com a comunidade participar do memorial eucarístico da morte e ressurreição do Senhor (AG, n. 14). O documento enfatiza, assim, a relação teológica do batismo à eucaristia, do encontro com Cristo no campo pessoal; ao aprofundamento na vivência eucarística, na vivência de comunhão, com o Povo de Deus. E é nessa vida em comunhão que a iniciação cristã prossegue, pois ela é tarefa de "toda a comunidade dos fiéis, de modo especial, dos padrinhos" (AG, n. 14).

O esclarecimento do documento *Ad Gentes* quanto ao catecumenato lança o olhar para a tradição dos primeiros séculos da era cristã, para a missão de anunciar e viver o Evangelho em sua radicalidade. Tarefa que implica uma mudança no agir pastoral e uma mudança de mentalidade acerca da iniciação cristã: sair da pedagogia da instrução, que serviu à cristandade, e ingressar na pedagogia do mistério, que significa conduzir o cristão a uma conversão, a uma vida missionária, a uma vida que testemunhe a comunidade cristã no mundo.

Depois desse resgate do Concílio, a Igreja, em 1972, publica o Rica, o qual foi traduzido e editado no Brasil em 1974: "O Rica define-se por ser um ritual litúrgico que propõe um caminho a ser percorrido de acordo com as idades e necessidades de cada realidade" (Carvalho; Neto, 2022, p. 86). O Rica significa uma mudança muito profunda no agir pastoral, pois se apresenta como um itinerário de iniciação que conduz o ser humano a uma progressiva mudança que o encaminhe à proximidade com Deus, por intermédio das etapas do catecumenato, das orações, dos ritos, tendo a celebração sacramental como elemento "orientador de sentido do processo" (cf. Lelo, 2005, p. 46).

Aos poucos, os pastoralistas refletem quanto às mudanças necessárias para que se aplique essa pedagogia no cotidiano da vida da Igreja. São vários os documentos produzidos a respeito da iniciação cristã, em especial, semanas catequéticas para que se possam compreender e implementar essas mudanças. Dessa maneira, a Igreja foi ampliando a sua concepção de iniciação catecumenal, de modo que hoje se fala em "iniciação à vida cristã em inspiração catecumenal".

A palavra "inspiração" quer significar que não há um modelo único, pois a diversidade das comunidades é grande, o que implica respeitar a diversidade num caminho conjunto. Além disso, apesar de haver quatro tempos marcados, o querigma e o mistagógico não se limitam um ao início e o outro ao final. O querigma e o mistagógico são a própria essência da iniciação catecumenal e devem acompanhar todos os tempos. Houve uma evolução na reflexão.

O aspecto que nos chama atenção é que, de início, havia uma dificuldade muito grande para se compreender o sentido de mistagogia, isto é, houve uma redescoberta pastoral, e que continua em curso, quanto à riqueza da mistagogia, de sua relação com os sacramentos e com a catequese. No entanto, é de fundamental importância, para compreender o sentido de mistagogia de maneira adequada, a redescoberta do sentido dos sacramentos como mistério, o que, por sua vez, conduz a uma recuperação do sentido pleno de conjunto dos sacramentos da iniciação à vida cristã a fim de que se possa sair de uma pastoral estática sacramentalista para uma pastoral mistagógica. Enquanto os sacramentos forem percebidos apenas como uma celebração social, externa à vida dos celebrantes, não se vivenciará o sentido pleno de iniciação à vida cristã.

Mistagogia implica viver no mistério, em Cristo, como filhos do Pai, na força do Espírito que habita na comunidade eclesial; essa é a dinamicidade trinitária dos sacramentos da iniciação à vida cristã: batismo e unção devem conduzir a uma plena vivência de uma "cultura eucarística", o cultivo de vida própria do cristianismo.

Conclusão

Fizemos um percurso para demonstrar como os sacramentos perderam a sua face principal de sentido, isto é, seu conteúdo essencial como mistérios. Batismo-unção-eucaristia eram sacramentos-mistérios, ações pneumáticas da presença de Cristo no espaço-tempo de realização da história da salvação. Esse sentido ficou esquecido, obscurecido num abstracionismo reificante, o qual, na prática pastoral, se traduz em celebrações como atos sociais individuais: tornaram-se coisas da Igreja, externas à vida. Na base do afastamento do sentido originário dos sacramentos estão causas históricas, pastorais e mudança de mentalidade que levam ao desfazimento do sistema catecumenal – uma maneira de iniciar na vida cristã da Igreja dos primeiros séculos –, à fragmentação da unidade dos sacramentos da iniciação cristã, a uma mentalidade que separou os sacramentos e a vida, afastou mistério e sacramentos. Os sacramentos se tornaram remédios eficazes para a salvação individual.

Essa história começa a mudar a partir dos estudos do Movimento litúrgico, que traz à tona o conceito de *mystérion*. Um conceito fundamental para a Igreja dos primeiros cristãos. O Movimento litúrgico, os estudos da teologia sacramental contemporânea, a volta às fontes bíblico-patrísticas, desembocam no Concílio Vaticano II, no século XX, que recuperará o sentido dos sacramentos a partir do conceito de *mystérion*, redescobrindo, por conseguinte, a sacramentalidade, o sentido pleno da iniciação à vida cristã e a necessidade de uma reflexão pastoral que evidencie a unidade dos sacramentos da iniciação cristã.

Dividimos o capítulo em quatro tópicos. No primeiro, tratamos da origem do termo *mystérion* a partir das religiões iniciáticas gregas como algo oculto para os de fora, trazendo para o mundo antigo o sentido de algo sobrenatural que reside para além da compreensão humana. Os primeiros cristãos, vivendo nesse contexto histórico em contato com pagãos e judeus, compreenderão o *mystérion* como o projeto de Deus que se realiza em Cristo. O Novo Testamento, em suas páginas, apresenta Jesus Cristo com sua vida, morte e ressurreição, como a revelação do mistério de Deus por puro amor. O desejo de Deus de comunicar o seu amor aos homens continua em sua Igreja que anuncia o mistério e se entende na condição de mistério.

Os textos do Novo Testamento mostram as ações da Igreja continuadoras dos atos de Cristo. O livro de Atos dos Apóstolos, ao mostrar o crescimento da Igreja, atesta que o batismo, com o recebimento do Espírito, é incorporação a Cristo e à sua Igreja. Vários textos do Novo Testamento expressam a iniciação cristã como experiência de Deus: não se ingressa na comunidade sem o batismo. O termo *mystérion* encontra-se no Novo Testamento nos sinóticos, nas cartas paulinas, bem como nas deuteropaulinas, com centralidade na pessoa de Cristo. Jesus Cristo é o iluminador de todas as ações da Igreja que são por isso também mistérios (*mystéria*). O Novo Testamento apresenta um novo conceito de mistério, que sai da esfera do segredo, do silêncio, do oculto, pois Cristo crucificado e ressuscitado é a sabedoria de Deus que entra na história (1Cor 2,7)

A história é o lugar da atuação de Deus desde o Antigo Testamento, por meio de profetas e sinais, e, em Cristo, Deus mesmo entrou na história, de modo que o mistério se revelou sem perder sua natureza. O mistério encontra-se ofertado a todos os que abrem seu coração, é graça (Mc 4,11), é o próprio Jesus. Os primeiros cristãos desejam comunicar e anunciar esse mistério de Deus; assim nasce a iniciação cristã que forma a comunidade. No evento de Pentecostes, a cena descreve um roteiro de iniciação: a ação do Espírito, o anúncio de Pedro, o arrependimento, a fé, o batismo e o recebimento do Espírito. Dessa forma, se é inserido na comunidade para viver uma existência eucarística, fraterna, de partilha concreta do pão, de oração e de ensinamento. Uma verdadeira vivência mistagógica mesmo que essa palavra não apareça.

Na primeira Carta aos Coríntios, Paulo relembra os momentos das iniciações deles a fim de ressaltar o compromisso com a vida nova (1Cor 6,11). A Carta aos Efésios, verdadeiro tratado teológico, como consideram alguns estudiosos, trata da unidade da Igreja e descreve um itinerário de iniciação, no hino de abertura, com o aspecto pneumatológico. Os primeiros cristãos testemunham que não se ingressa na comunidade sem o batismo, entendido com um conjunto global de iniciação: batismo, recebimento do Espírito e ceia. Batizar-se é incorporar-se à vida de Cristo tornando-se filho no Filho do Pai. O sentido unitário dos sacramentos-mistérios da iniciação cristã encontra-se no Novo Testamento e será desenvolvido pela Patrística.

No segundo tópico, tratamos das catequeses mistagógicas como espaços do desenvolvimento pleno do sentido dos sacramentos de iniciação como mistérios. As catequeses mistagógicas eram o tempo de internalização do que fora vivido nas celebrações de iniciação dentro do catecumenato. A Igreja, nos primeiros séculos, desenvolveu uma forma de iniciação que passava pela escuta da Palavra, ensinamento doutrinal, celebração dos sacramentos da iniciação e aprofundamento da vivência dos sacramentos na celebração. O objetivo era conduzir o neófito a uma vida efetivamente cristã, na junção de liturgia, celebração e vida.

Tais catequeses espelham o entendimento dos Padres acerca dos sacramentos como mistérios, como ações simbólicas que realizam, que se inserem, que continuam a história da salvação num processo integrador que se baseia em uma mentalidade tipológica. Os sacramentos da iniciação eram celebrados em momentos sucessivos que conduziam à transformação do iniciando. O batismo – a água que lava, água da criação – que regenera para tornar a pessoa filho no Filho por intermédio da unção do Espírito Santo. O Espírito unge, sela, une ao Pai no Filho e insere a viver a eucaristia, a vivência fraterna que se expressa no partir o pão na ceia do Senhor.

Toda essa beleza sacramental precisava ser vivenciada, daí as catequeses mistagógicas; a Palavra que conduz ao mistério: assim como Jesus falou, explicou, curou e sua Palavra tocou os ouvintes, a Igreja, que não tem mais a presença física do Senhor, usa os sacramentos e fala deles para que os ouvintes sejam tocados. Porém, isso só é possível pela ação do Espírito, presente na Igreja, e pela fé. As catequeses mistagógicas expõem o conteúdo próprio dos sacramentos: os mistérios.

Dessa forma, escolhemos as catequeses mistagógicas de Cirilo de Jerusalém e de Ambrósio de Milão para exemplificar essa mistagogia, pois Cirilo representa a tradição pastoral do Oriente, e Ambrósio, a do Ocidente, de modo que ambos se encontram nesse processo mistagógico. Ambos são catequistas, evangelizadores; suas catequeses destinam-se a um ouvinte direto, aos recém-batizados, na medida em que usam a palavra para narrar a história do amor de Deus no meio dos homens. Uma história que não acabou, continua na Igreja na qual o batismo, a unção e a eucaristia atualizam-na, porque com ela se relacionam.

No terceiro tópico tratamos da coisificação dos sacramentos, de como a partir, principalmente, da virada constantiniana e da queda do Império Romano, a Igreja cresceu de repente, passando à religião oficial do estado, de modo que o sistema catecumenal de iniciação cristã foi se desfazendo: começa o batismo de massas, aumentam as paróquias, a mentalidade vai se modificando, o batismo passa a ser uma obrigação (numa sociedade ocidental cristã, quem não é batizado sofre consequências), soma-se a isso a mentalidade de salvação das almas. Os sacramentos começam a ser entendidos como remédios, há uma preocupação com a eficácia e com a definição dos sacramentos até chegar aos sete. Não que seja um problema os sete sacramentos, o problema foi a limitação de sentido, uma exterioridade, uma perda do sentido pleno do simbólico como se fosse algo que não carrega realidade em si mesmo. O aumento das paróquias, a necessidade do batismo para salvar a alma do indivíduo e a unção reservada ao bispo levaram a pastoral a postergar a crisma. Assim, aos poucos, a unidade dos sacramentos fragmenta-se, não porque a celebração ficou para depois e sim porque se tentou explicar a crisma separada do batismo. Essa mentalidade é que leva à fragmentação: buscar um sentido próprio para a crisma como sacramento do Espírito e o batismo como o perdão dos pecados. Perde-se o sentido eclesial dos sacramentos numa individualização; enquanto isso, a eucaristia se centra na presença real de Cristo. Essa situação se conjuga com uma liturgia que se afasta da assembleia (perde-se o sentido da liturgia) cada vez mais passiva e distante, os fiéis voltam-se para devocionismos.

Essa situação começa a dar inícios de mudança com o Movimento Litúrgico e os estudos a respeito dos mistérios. Chegamos ao quarto tópico no qual tratamos da recuperação do sentido de mistério a partir dos estudos iniciados nos mosteiros, na abadia de Maria Laach, com ênfase para Odo Casel e sua teologia dos mistérios, que, ao estudar as fontes bíblico-patrísticas, encontrará a riqueza desse conceito, impulsionando outros autores a estudar a teologia sacramental. O Concílio Vaticano II, recuperando o conceito de Igreja mistério, leva todas as suas instâncias eclesiais a se reconfigurar. A Igreja mistério é e deve ser sacramento, sinal de Cristo diante da humanidade; ela é, assim, um Povo de Deus que caminha na terra, anunciando e testemunhando Cristo.

A sacramentalidade da Igreja redescobre o seu sentido pleno original dialogante com o mundo, daí que se volta para os processos de transmissão da fé, recuperando o catecumenato para a iniciação cristã e, por conseguinte, a necessidade de reflexão do retorno à unidade dos sacramentos de iniciação cristã, o que implica repensar o seu sentido a partir da trinitariedade do Deus cristão. A mistagogia é caminho renovador para se vivenciar os sacramentos da iniciação, contribuindo para uma formação cristã plena e global, numa vivência eucarística.

3
Do batismo à eucaristia: uma proposta de itinerário mistagógico para a atualidade

A unidade é uma categoria teológica relacional pois evidencia um fio condutor que une batismo-unção e eucaristia, expressando a trinitariedade de nosso Deus: em Cristo tudo se reúne e plenifica. É a partir da encarnação que Cristo nos revela o que é ser Filho de Deus ungido pelo Espírito. O Espírito permanece com ele e o impele a seguir na missão até as últimas consequências. A dinâmica trinitária se expressa numa relação que une os diferentes, formando uma comunhão na qual nossa Igreja deve se espelhar e viver. Essa unidade trinitária se realiza no amor. A Igreja habitada e movida pelo Espírito deve viver numa comunhão fraterna de amor. Os sacramentos de iniciação expressam essa triunidade, pois o batismo e a unção tendem para a eucaristia, para a vivência fraterna de comunhão.

O batismo marca o início de um processo de crescimento, de mudança, que, impulsionado pela unção, leva a participar da ceia eucarística, a qual se repete a fim de aprofundar a existência fraterna. Batismo, unção e eucaristia são expressões do próprio Deus que, sendo Filho e Ungido, doou-se como alimento, fez-se alimento, de modo que, sendo Corpo, formou um corpo místico. Compreender os sacramentos em sentido unitário implica a percepção do batismo, da crisma e da eucaristia para além de um evento social-habitual. Implica evidenciar a radicalidade que Cristo demonstrou ao mergulhar nas águas do Jordão: entrega total à missão que Deus-Pai lhe confiou. Essa missão se realiza na força do Espírito, é a unção. A crisma se volta, assim, para o batismo, para impelir o cumprimento da missão. Missão que se realiza na entrega ao próximo e ao Pai na cruz, que é simbolizada na ceia do Senhor. Todo esse processo se pauta no amor de Deus. A mistagogia é o caminho para se experienciar esse processo amoroso de Deus.

Diante dos estudos que fizemos nos capítulos anteriores, podemos entender que a mistagogia é uma experiência de encontro com Deus na comunidade eclesial, é um caminho de iniciação e de aprofundamento cristão que parte da experiência celebrativa para explicar o sentido histórico-salvífico dos sacramentos. Mais que uma explicação é uma condução, é uma maneira de levar o outro a perceber a ação amorosa de Deus na história e seu desdobramento nos símbolos sacramentais e na sua própria vida. É, assim, uma teologia, pois o intuito é falar de Deus, de suas ações na sua Igreja. Mistagogia não se traduz numa ação imaginativa subjetivista.

A escritura está na base desse método ou dessa teologia, pois ela é o fio condutor dos ritos, e na raiz desse processo está a fé de que Deus continua a agir em sua Igreja por meio do Espírito. Partimos do princípio de que na cultura judaico-cristã as celebrações são espaço de encontro com Deus, recordam uma ação concreta de Deus na história: a libertação da escravidão e a cruz, a morte e ressurreição de Jesus Cristo. As celebrações na cultura judaico-cristã não são eventos mágicos intimistas. No Novo Testamento, Deus entrou na história, trazendo um novo tempo, o qual vivemos toda vez que seguimos seus passos.

Os sacramentos cristãos, na condição de espaço de realização salvífica, põem o cristão em comunhão com o evento central do mistério de Cristo. Daí que a mistagogia ajuda a compreender o caminho de Deus na história por meio do aprofundamento do sentido simbólico dos sacramentos. A água é a criação mais fundamental de Deus para o homem, porquanto traz vida, regeneração, mudança e transparência, mas também pode trazer a morte, a destruição. Cedo, a humanidade encantou-se com a água, e tanto os filósofos, mormente Tales de Mileto, que dizia ser ela o princípio dos seres (cf. Mondolfo, 1966, p. 37), quanto os mitos da Mesopotâmia a respeito do dilúvio, expressam sua importância para a vida na terra. O Antigo Testamento entende a água criadora na junção do Espírito que sobre ela pairava (Gn 1,2).

O Novo testamento assume o batismo como elemento fundamental do nascimento da Igreja: o batismo de água e do Espírito. Os elementos da natureza se transformam em meios que expressam a ação de Deus; a água se transforma em símbolo, um elemento que reúne, que é meio de encontro entre Deus e os homens. Isso é sacramento. Um itinerário mistagógico hoje envolve todas as pastorais e, primordialmente, a catequese, por ser uma das principais instâncias transmissoras da fé.

Uma catequese de iniciação ou uma catequese permanente ou de acompanhamento dos iniciados precisa sempre se mover do querigma ao mistagógico, ajudando a aprofundar a vida cristã. Vida cristã que se inicia com o batismo e se aprofunda na vivência eucarística semanal para cultivar uma vida eucarística. É preciso ressignificar o significado do batismo-unção-eucaristia e salientar sua unidade trinitária a fim de se evidenciar uma vivência mistagógica. Daremos um passo de cada vez: o primeiro é considerar os sacramentos de IVC na sua dinâmica mais própria: na dimensão da unidade; em seguida, trataremos da formação de uma "cultura eucarística" como base para uma vivência mistagógica nos dias de hoje, ou melhor, como imprescindível; então, repensaremos algumas linhas pastorais a partir da dimensão sacramental-mistérica e, por fim, só realizaremos ações concretas se os agentes se dispuserem a isso.

3.1 Considerações acerca de uma teologia triunitária dos sacramentos de iniciação à vida cristã

Os sacramentos são ações eclesiais que estruturam a Igreja. A Igreja, por sua vez, é o conjunto de batizados que vive a fé de domingo a domingo na celebração, no trabalho caritativo comunitário e no mundo, com suas ações proféticas, na luta diária pela justiça, na denúncia contra as injustiças sociais, no respeito ao meio ambiente e no respeito à pessoa humana. As pessoas vêm à Igreja para pedir o batismo, a crisma, a eucaristia, o matrimônio, o perdão dos pecados. A participação na vida eclesial começa, em geral, em torno da procura de um sacramento. A Igreja prepara seus filhos para viverem plenamente os sacramentos nas catequeses de iniciação, nas catequeses de preparação para o matrimônio, nos cursos de formação sacerdotal. A Igreja, como sacramento de Cristo, sempre anuncia a Palavra e testemunha na celebração e nas suas ações no mundo. A Igreja é uma grande casa catequética que faz ressoar o amor de Cristo no mundo. Ressoar implica fazer som, se fazer ouvir no testemunho no mundo. Para isso, a redescoberta do sentido mistérico precisa adentrar no campo pastoral.

É preciso ressignificar as mentalidades pastorais na percepção do sentido dos sacramentos a partir do redimensionamento de sentido dos sacramentos de iniciação cristã. Há uma mentalidade individualista em relação aos sacramentos da iniciação que perpassa a pastoral: um centramento em relação aos efeitos do batismo numa leitura individual, a crisma como o momento de recebimento de dons especiais e a eucaristia como um remédio sagrado. Ficam esquecidos a vocação profética do batismo, o compromisso eclesial, a vivência eucarística. Os tempos atuais exigem que os sacramentos da iniciação à vida cristã sejam refletidos em sua dinâmica de conjunto, restaurando o nexo que os une a fim de que se resgate o sentido mistagógico dos sacramentos da iniciação à vida cristã.

O Concílio Vaticano II apontou essa necessidade de resgate de sentido ao recuperar o catecumenato e pedir que se refletisse a respeito da unidade entre batismo e crisma. O resultado do apelo do Concílio se expressou concretamente no Rica[25], um livro litúrgico que precisa ser aprofundado pastoralmente. Nos seus primeiros artigos, nas Observações preliminares, citando texto do Concílio[26], salienta a teologia da filiação no batismo, a teologia da unção na crisma e a teologia da comunhão eucarística. O batismo é o sacramento da transformação, o homem se torna filho de Deus pela água e pelo Espírito; a crisma, em virtude de doar o mesmo Espírito, configura ao Senhor, conforma os corações para viverem a nova vida na oferta eucarística e para participarem da unidade como membros do povo de Deus[27]. Os três sacramentos se complementam, e, assim, conduzem os fiéis a viverem como filhos de Deus em Cristo no mundo e na Igreja[28].

Os sacramentos da iniciação expressam a teologia trinitária com base em seus fundamentos teológicos, pois a vida de Jesus testemunha, ao cumprir sua missão, acompanhado pelo Espírito, o que é ser Filho do Pai. O batizado vive como filho adotivo de Deus, em Cristo, na força do Espírito, participando da comunhão eucarística de mesa. Iniciar-se na vida cristã é adentrar em uma vida de comunhão de pessoas divinas tal qual Jesus Cristo nos revelou. Iniciar-se na vida cristã é, de certa forma, estar na contramão de uma época marcada pelo individualismo, o qual percorre todas as relações, inclusive as religiosas.

É fato que muitos cristãos ainda vivem sem uma pertença comunitária, de modo que têm uma imagem de Deus distante do Deus trino. Apesar de professar o Credo e glorificar o Deus Trindade, é provável que muitos fiéis ainda vivam uma imagem de um Deus distante, ou tão somente centrada num cristomonismo ou num pneumatomonismo, ou ainda a priorizar devocionismos que não edificam o cristão. Não temos como tratar aqui do problema da imagem de Deus dos cristãos, o que queremos salientar é que a compreensão dos sacramentos da iniciação cristã numa visão triunitária enriquece a pastoral, ajuda a amadurecer a imagem de Deus, pois batismo e a crisma se complementam e tendem para a eucaristia, que é o centro do mistério pascal. Sentar-se à mesa para participar da ceia do Senhor significa uma atitude de vida fraterna, pois nela não há exclusão; todos devem partilhar o alimento e oferecer a vida nas mãos de Deus numa postura de humildade e serviço. Uma iniciação à vida cristã em inspiração catecumenal implica pastoralmente recuperar a unidade dos sacramentos da iniciação, num itinerário que caminha do querigma à mistagogia.

---

25. Publicado em 1972, chega ao Brasil em 1974.
26. Nas Observações preliminares, cita *Ad Gentes* 14.
27. Cf. Rica, observações preliminares 1 e 2.
28. Cf. Rica, observação preliminar 2.

A inspiração catecumenal se realiza num processo que vai da palavra à mistagogia e da mistagogia à palavra numa circularidade progressiva que inicia e acompanha o iniciado para perseverar na fé. Nessa mentalidade catecumenal, os sacramentos da iniciação revelam a vida em comunhão, pois trindade é comunhão de pessoas. O batismo torna o fiel filho do Pai no dom do Espírito que conforma o batizado em Cristo; é o Espírito que conduz a Cristo para que se possa viver no Pai em amor eucarístico.

A eucaristia é o ponto central do mistério pascal, pois o penetra e o revela, de modo que é o sentido primordial da vida cristã, isto é, a vivência na comunhão fraterna. A fé deve crescer, amadurecer; para tal, a iniciação põe o cristão em abertura à ação do Espírito, que não é mágica, e sim ação que é vislumbrada na comunidade eclesial por meio da escuta da Palavra, do alimento da eucaristia e das ações proféticas. É a conversão pastoral em estado permanente de missão (EG, n. 25), pois a fé é eclesial, a recebemos da Igreja, do testemunho dos apóstolos e, assim, seguimos nos passos de Cristo.

Os sacramentos da iniciação à vida cristã se inserem no plano da salvação, bem como inserem os cristãos na salvação. No entanto, sem a vivência comunitária os cristãos correm o risco de viver uma fé individualista e subjetivista, que pode se traduzir num contratestemunho diante do mundo. Celebrar e viver da fé celebrada é o grande desafio da Igreja atual, conforme afirma Boselli: "Viver da liturgia que se celebra significa viver daquilo que a liturgia faz viver: o perdão invocado, a Palavra de Deus escutada, a ação de graças elevada, a eucaristia recebida como comunhão" (Boselli, 2014, p. 9).

O primeiro sentido do batismo, proveniente da etimologia da palavra[29], é o de imergir, de mergulhar na água. A água é elemento físico vital para os seres humanos, elemento criador, que gera a vida, que limpa, lava, mas é também, em virtude de sua força, capaz de destruir. Esse sentido potente da água como fonte de vida, e como a força que lava até a morte, é transplantado para o campo simbólico. As abluções, as lavagens, eram frequentes no mundo antigo como símbolo de purificação (cf. Borobio; Tena, 1993, p. 78). Assim, o batismo não é uma novidade cristã, porém o batismo cristão ressignifica o sentido de batismo, o qual não é mais uma simples purificação, mas uma vida nova na água e no Espírito (Jo 3,4-5): é morrer e ressuscitar com Cristo, é a inserção no mistério pascal (cf. Goedert, 1987, p. 58).

Essa vida nova implica o perdão dos pecados, isto é, um recolocar-se no caminho de filho de Deus. Naturalmente, podemos dizer que somos todos

---

29. "Batismo" significa "imersão", "banho" (cf. Rocchetta, 1991, p. 233).

criados por Deus, somos sua obra, porém, em Cristo, o homem se torna algo novo, nasce uma vez mais. Esse nascimento ofertado por Deus em seu Filho requer uma abertura do homem por meio do arrependimento, de uma disposição, na fé, para Deus. Infelizmente, ao longo da história, como vimos, os sacramentos passaram a ser entendidos como remédio[30] para os males da alma, e o perdão dos pecados foi dotado de uma conotação moralista. O arrepender-se implica deixar o "homem velho para trás" e se dispor a viver a vida nova; arrepender-se dos pecados é se pôr novamente à disposição do serviço de Deus, da escuta de Deus, da obediência a Deus, como Cristo se colocou. Ao perdoar os pecados, o batismo abre o homem para viver como filho de Deus: o sentido teológico do batismo é a filiação, é pôr o homem no caminho de volta ao Pai. O batismo de Jesus no Jordão ajuda a compreender a teologia da filiação.

O relato do batismo no Jordão descrito nos quatro Evangelhos (Mc 1,9-11; Mt 3,13-17; Lc 3,21-22; Jo 1,31-34.), apesar das sutilezas diferenciais, apontam a missão profética de Jesus, isto é, o servo que assume os pecados humanos em solidariedade com os irmãos (cf. Borobio; Tena, 1993, p. 80-81). A ação teofânica se inicia depois do mergulho de Jesus, o qual indica uma aceitação livre para a missão, com a abertura dos céus e a descida do Espírito seguida da Palavra reveladora de Deus, expressando a filiação de Jesus e a sua declaração.

Borobio relaciona a manifestação do Espírito, conjugada com a Palavra de Deus, em paralelo com outros relatos como em Pentecostes (a manifestação do Espírito suscita a pregação) e em Gênesis (a relação entre Espírito sobre as águas e a palavra criadora de Deus) (cf. Borobio; Tena, 1993, p. 78). O batismo marca o início do ministério de Jesus que caminhará na unção do Espírito até a morte de cruz. Borobio conclui o entendimento acerca do batismo de Jesus como:

> Um sinal profético magnífico do mistério pascal; como gesto ritual iniciatório cristão: um banho na água e no Espírito para o perdão dos pecados e para sermos, no Filho, constituídos e manifestados filhos de Deus pelo perdão dos pecados (Borobio; Tena, 1993, p. 84).

O que nos interessa aqui é demonstrar que, na principal fonte do batismo cristão, o sentido primordial é o de filiação. A unção do Espírito é a força do amor que guia e conforma para realizar o caminho de Filho do Pai. Unção, de acordo com Taborda, é um dos nomes do Espírito (*Spiritalis unctio*), tornando-se, dessa forma, expressão da doação do Espírito (cf. Taborda, 2012, p. 198). O sentido

---

30. Conforme tratamos, os sacramentos foram se coisificando e a iniciação cristã se fragmentou.

antropológico é medicinal: curar, amaciar, proteger, e, além disso, encontra-se no Antigo Testamento o sentido jurídico-sacral, o de derramar óleo na cabeça de uma pessoa para conferir-lhe glória e poder. Desse sentido jurídico, usa-se o verbo hebraico *msh*, do qual deriva o termo Messias, bem como o verbo grego *chrio*, do qual vem a palavra Cristo (cf. Taborda, 2012, p. 199). Por conseguinte, o sentido de unção liga-se diretamente à ação do Espírito. Há uma tradição desde o Antigo Testamento na qual o Messias (O ungido) esperado é o portador do Espírito: o "Ungido de *YHWH*", o eleito (cf. Taborda, 2012, p. 200). O Novo Testamento afirmará que o Ungido é Jesus de Nazaré, o Cristo: "Eu vi e dou testemunho que ele é o Eleito de Deus" (Jo 1,34).

No discurso de Pedro na casa de Cornélio, Pedro fala que o Espírito unge Jesus depois do batismo: "[…] depois do batismo proclamado por João, como Deus o ungiu com o Espírito Santo e com poder […]" (At 10,37-38). O gesto litúrgico da unção relaciona-se ao significado de Cristo, o Ungido, que expressa sua missão messiânica de instaurar o Reino de Deus entre nós. Unção significa doação do Espírito, o próprio Espírito: "O dom profético do Espírito é, em última análise, idêntico à unção" (Taborda, 2012, p. 205). Os primeiros cristãos não entendiam a unção separada do batismo, pois assim como Jesus, depois do batismo, saiu em missão com a força do Espírito, os cristãos ungidos no Ungido têm como missão anunciar o Evangelho. Na relação trinitária pode-se dizer que o Pai unge, o Filho é o Ungido e o Espírito Santo é a Unção (cf. Santana, 2010, p. 278-279). A unção é a força do amor do Espírito Deus para levar os batizados a cumprir sua missão de filhos adotivos do Pai em Cristo, participando de uma vida eucarística de serviço, de comunhão, de solidariedade e amor ao próximo.

A crisma só pode ser entendida em sua plenitude quando relacionada ao batismo, como teologia da unção. É sabido que a origem do sacramento da crisma ocorre a partir de ritos pós-batismais, ou imediatamente seguintes ao batismo, ligados ao recebimento do Espírito. Os problemas pastorais levaram a deixá-la para depois, e, com o tempo, a teologia que se construiu em torno da crisma, associando-a ao evento de Pentecostes, trouxe problemas: se o Espírito é dado no batismo, conforme atesta o Novo Testamento, qual o lugar teológico da confirmação? (cf. Nocke, 2012, p. 235). A resposta mais evidente é a de que é a crisma liga-se ao batismo e o complementa[31]; ademais, em cada sacramento o Espírito vem de uma maneira especial para conformar os caminhantes da fé em Cristo. A crisma enriquece o batismo, que, por sua vez, fundamenta a crisma, de modo que ambos tendem para a eucaristia.

---

31. "O batismo e a confirmação devem ser vistos em 'sua fundamental unidade'" (Taborda, 2012, p. 26).

O batismo insere o fiel na nova vida. Ao renascer para viver na relação filial a serviço do Pai, a crisma nos atrai e sela para viver essa relação a partir do Filho Jesus, o qual, na comunhão da eucaristia, torna-se fonte e alimento de todo viver. A eucaristia é o sacramento da unidade, é a mesa da reunião, do encontro, do pão que se reparte simbolicamente para se concretizar na existência. Na última ceia, Jesus antecipa de maneira simbólica o que iria viver concretamente, fisicamente, e pede que se refaça esse ato como memória de tudo o que se passaria com ele. Desse modo, a eucaristia se repete a cada semana para que, impulsionado pelo Espírito, o cristão possa viver eucaristicamente na mesa do mundo, nos encontros do mundo.

O encontro cristão implica a existência do outro, do diferente, daquele que precisa de mim, daquele de quem me torno próximo, pois Jesus, ao sentar-se à mesa, incluiu a todos os que sofriam. A imagem do grande banquete de Deus, da grande festa, realiza-se de modo pleno em Cristo. Os batizados são o povo voltado para Deus que vive a cultivar uma existência eucarística. Em Cristo nos tornamos filhos do Pai para viver no Espírito eucarístico do amor e da fraternidade. A eucaristia é o próprio Deus que, em oferta, ensina aos homens que viver para Deus é amar concretamente o próximo, tornando-se ele mesmo o próximo. Mais adiante pretendemos tratar da eucaristia, centro da vida cristã, como uma experiência reveladora do amor de Deus no coração do mundo.

3.2 A formação de uma "cultura eucarística" com base em uma vivência mistagógica hoje

Uma cultura eucarística implica viver a partir do que se celebra. Eucaristia é comunhão de mesa, é partilha, é doação; portanto, para formar uma cultura eucarística é necessário experimentar seu sentido pleno. A vivência mistagógica é a base para uma mudança interior que se expresse numa vida de amor ao próximo e num convívio comunitário, pois nossa fé é comunitária na medida em que a recebemos dos apóstolos que testemunharam uma vida com Jesus. Em um mundo tão complexo, tão alheio à profundidade do amor de Deus, há um alimento que nunca passa, que nunca se perde: um Deus que se entregou na cruz por puro amor ao Pai e aos humanos, que com sua morte não encerrou o amor, pois Ele ressuscitou e continua presente, no Espírito, amando os homens. Seu gesto é uma fala à humanidade de que é somente no dedicar a vida ao próximo que se encontrará a presença de Deus e o caminho de paz para construção do mundo.

A entrega de Jesus Cristo é um acontecimento no qual Jesus anuncia, durante a ceia da Páscoa judaica, a sua morte e ressurreição, antecipando sacramentalmente o que aconteceria fisicamente na história (cf. Cantalamessa, 1993, p. 12). Jesus inaugura um novo tempo, uma Nova Aliança, e pede que seus discípulos repitam o gesto de abençoar e partir o pão, bem como de abençoar e beber o vinho, como memória de sua Paixão.

A comunidade repetirá esse gesto de maneira sacramental ao longo das gerações, sob as espécies do pão e do vinho; porém não o repete como acontecimento histórico, porquanto esse aconteceu uma única vez: "Mas, pelo gesto simbólico instituído no Cenáculo (a ação de graças sobre o pão e o vinho como memorial de Cristo), a comunidade aqui reunida volta a ser apresentada ao evento irrepetível do Calvário e do túmulo vazio" (Taborda, 2004, p. 50).

Para Raniero Cantalamessa, em certo sentido, o sacrifício da cruz de Jesus continua até nossos dias: "Este sacrifício termina e não termina, é momentâneo e duradouro: é momentâneo segundo a história; é duradouro segundo o Espírito" (Cantalamessa, 1993, p. 19). Assim, os sacramentos são possíveis devido à presença do Espírito Santo na Igreja. Os sacramentos apontam sempre para uma realidade; na medida em que há um conteúdo a ser descoberto por trás dos símbolos, é preciso disposição para encontrá-lo.

O conteúdo é sempre Cristo no seu mistério pascal, sua vida de cruz, morte e ressurreição, a qual nem sempre conseguimos entender em toda a sua riqueza e profundidade. A eucaristia é o sacramento do amor por excelência, é o sacramento da reunião, da mesa, é o que nutre e alimenta a Igreja. É o que o papa Bento XVI demonstra na Exortação apostólica *Sacramentum Caritatis* ao tratar da eucaristia como mistério da fé, mistério celebrado e mistério vivido, ou seja, *lex orandi*, *lex credendi*, *lex vivendi*. Vivemos da fé que celebramos.

A eucaristia é o sacramento do amor de Deus pois é Ele próprio que se oferece, se entrega como alimento à humanidade: "No sacramento da eucaristia, Jesus mostra-nos de modo particular a verdade do amor, que é a própria essência de Deus. Esta é a verdade evangélica que interessa a todo o homem e ao homem todo" (SCa, 2007, 2). O gesto de doar a sua vida em favor do outro, de partilhar o pão, sintetiza todas as ações de Jesus, toda a sua vida, morte e ressurreição.

Essa verdade de fé fundamental de um Deus que doou a sua vida em favor dos homens, e sacramentalmente encontra-se no meio do povo, é o centro da fé da Igreja, a qual, de contínuo, a alimenta e revigora. Deus nos amou de uma maneira ilimitada, e é nessa força do amor celebrado que o cristão é impulsionado a dela viver. Dessa forma, o documento faz uma afirmação importante: "Testemunha--o a própria história da Igreja: toda a grande reforma está, de algum modo, ligada à redescoberta da fé na presença eucarística do Senhor no meio do seu povo" (SCa, n. 2). Estamos novamente em tempos de redescoberta da centralidade da eucaristia, o significado da presença de Deus no meio do povo. É preciso, pois, ter consciência de que ao celebrar a eucaristia participa-se da mesa do Senhor, da partilha com os irmãos.

O que se partilha é a própria vida, não apenas de maneira verbal, porque o cristão se compromete a viver em comunhão com os seus irmãos na mesa da vida do mundo na caridade, na solidariedade, nas ações concretas cotidianas. O sacramento da eucaristia expressa a essência trinitária de Deus; no pão e no vinho, o Filho se doa à humanidade e ao Pai, na força do Espírito, de modo que é uma ação de amor trinitário:

> Deus é comunhão perfeita de amor entre o Pai, o Filho e o Espírito. Já na criação, o homem fora chamado a partilhar, em certa medida, o sopro vital de Deus (Gn 2,7). Mas, é em Cristo morto e ressuscitado e na efusão do Espírito Santo dado sem medida (Jo 3,34) que nos tornamos participantes da vida divina (SCa, n. 8).

A eucaristia nos torna participantes desse mistério de fé que alimenta a Igreja, os sacramentos e cada membro do corpo de Cristo. Bento XVI salienta a relação entre Espírito Santo e eucaristia, tantas vezes esquecida, pois é no Espírito que Jesus pode oferecer sua vida e depois de ressuscitado doar o seu Espírito, inserindo os discípulos na sua missão, impelindo-os a anunciar o Evangelho, a formar comunidades, a formar sua Igreja: "Portanto, é em virtude da ação do Espírito que o próprio Cristo continua presente e ativo na sua Igreja, a partir do seu centro vital que é a Eucaristia" (SCa, n. 12). A eucaristia constitui o ser e o agir da Igreja (SCa, 2007, 15). Portanto, os sacramentos estão vinculados e ela, todas as ações da Igreja estão vinculadas a ela e tanto os sacramentos quanto as ações da Igreja a ela se ordenam. "Esta relação íntima da Eucaristia com os demais sacramentos e com a existência compreende-se, na sua raiz, quando se contempla o mistério da própria Igreja como sacramento" (SCa, n. 16).

O Mistério da Igreja é ser sacramento da comunhão trinitária. A maravilha de um Deus que é comunhão e quer ensinar aos homens que o modo próprio e essencial para gerar vida é ser comunhão: uns voltados para os outros. A Igreja mistério é a comunhão fraterna do povo de Deus. Toda essa riqueza da eucaristia precisa estar acessível pastoralmente como caminho da iniciação cristã. Aqui o Papa Bento XVI apresenta a questão que nos move:

> A propósito, devemos interrogarmos [...] se nossas as comunidades cristãs têm suficiente noção do vínculo estreito que há entre batismo, confirmação e eucaristia; de fato, é preciso não esquecer jamais que somos batizados

e crismados em ordem à eucaristia. Este dado implica o compromisso de favorecer na ação pastoral uma compreensão mais unitária do percurso de iniciação cristã (SCa, n. 17).

No nosso entender, essa questão que o papa aponta, a qual vem sendo vislumbrada desde o Concílio, no que diz respeito à recuperação do catecumenato, é de vital importância. A compreensão fragmentária dos sacramentos, além de desvincular a crisma do batismo, contribui para a ideia de que a crisma é o objetivo final da iniciação, o sacramento da maturidade, o sacramento da doação dos dons do Espírito. Somos batizados e crismados para viver na comunhão eucarística, na celebração, na comunidade e na vida, testemunhando, em toda a nossa existência, o Deus Trindade. Não saímos da iniciação prontos e acabados, por isso a eucaristia se repete, porque é no continuar, no permanecer na comunhão comunitária que se aprofunda o que recebemos no batismo:

> Mas é a participação no sacrifício eucarístico que aperfeiçoa, em nós, o que recebemos no batismo. Também os dons do Espírito são concedidos para a edificação do corpo de Cristo (1Cor 12) e o crescimento do testemunho evangélico no mundo. Portanto, a santíssima eucaristia leva à plenitude a iniciação cristã e coloca-se como centro e termo de toda a vida sacramental (SCa, n. 17).

O Papa Bento XVI pede que se preste atenção ao tema da ordem dos sacramentos no campo pastoral, que é ajudar os fiéis a compreenderem e a posicionarem o sacramento da eucaristia como centro (SCa, 2007, 18). A filiação no batismo precisa crescer na unção dos dons do Espírito. Os dons do Espírito devem ser postos a serviço da comunidade, devem ser testemunhados no mundo. A iniciação cristã tende para a eucaristia, a experiência de entrega, de doação de Deus à humanidade, o que conduz a Igreja a viver nessa comunhão, que se aperfeiçoa conforme se participa da vida eclesial.

A questão que se põe aqui é o tema da ordem dos sacramentos de iniciação; desse modo, é preciso recuperar a eucaristia como elemento para o qual tende a iniciação: o cristão é, em Cristo, filho do Pai na unção do Espírito para viver em comunhão, isto é, da mesa eucarística para o mundo. É imprescindível pensar no percurso educativo das comunidades (SCa, n. 18) a fim de se recuperar a unidade dos sacramentos da iniciação e o sentido pleno da eucaristia como mistério de comunhão e, por conseguinte, como cultivo de uma cultura eucarística.

O tema teológico principal do sacramento da eucaristia é a mesa, o banquete, o ser alimento e nutrição de toda vida eclesial:

> Desde a aliança do Sinai até a congregação da comunidade na experiência pascal, a Ceia sempre é sinal de aliança: A aliança de Deus com os homens se realiza quando homens se aliam entre si. No comer e beber em comum se recebe a vida, celebra-se a aliança que possibilita a vida (Nocke, 2012, p. 263).

Esse sentido de mesa, de reunião, de encontro de pessoas para partilhar, de memorial, ficou encoberto pela predominância da teologia da presença real. Ao recuperar o sentido de comunhão de mesa, resgata-se o aspecto de agradecer o pão e o vinho, fruto da natureza e do trabalho humano, ambos dons de Deus. Ao se reunir, a comunidade celebrante realiza o agradecimento (*eucharistia*) que dá nome ao sacramento, expressando a atitude dos celebrantes diante da graça ofertada por Deus, e assim se põem eles mesmos em disposição de oferta da vida nas mãos de Deus. No entanto, a eucaristia, como os demais sacramentos, não se celebra como um fim em si mesma, porquanto tem alcance na sociedade a partir dos atos da vida de Jesus que as primeiras comunidades expuseram no Novo Testamento.

O Novo Testamento mostra, nas primeiras comunidades, a ceia do Senhor como exemplo concreto de saciar a fome dos irmãos: no evangelho de Marcos, Jesus tem compaixão da multidão que está com fome e, diante da proposta indiferente dos discípulos de mandar embora a multidão, Jesus lhes diz: "Dai-lhes vós mesmos de comer" (Mc 6,37), ou seja, reparta com eles o que vocês têm. O livro de Atos mostra as comunidades crescendo, se reunindo, de modo que "punham tudo em comum" (At 2,44), concretizando na vida a partilha vivida na celebração. A eucaristia nos põe em sintonia com as dores do mundo, pois a fome é o resultado de uma sociedade injusta e desigual que não se preocupa com os pobres. Essa sociedade é formada por indivíduos que, a exemplo dos discípulos, queriam solucionar de imediato o problema sem se solidarizar com o outro, sem se situar no lugar do outro, quando, na verdade, a solução era bem simples: partilhar o que se tem numa atitude fraterna. Essa reflexão vem para a existência a partir do dado sacramental: todos reunidos para celebrar em torno da mesa do Senhor.

"O que fizemos da Eucaristia?" indaga Boselli ao refletir quanto à relação entre eucaristia e solidariedade com os pobres ficou esquecida nos últimos tempos, de modo que afirma:

> A celebração da eucaristia é também ação profética celebrada por um povo de profetas que, realizando o gesto de *fractio panis* como sinal de partilha, proclama diante do mundo, em nome de Deus, o dever de compartilhar os dons por ele distribuídos e de partir o pão para saciar o faminto (Boselli, 2014, p. 165).

Para cultivar uma vida eucarística é preciso compreender o sentido pleno que une mesa do Senhor, comunhão e partilha, pois a realidade nos interpele a não ficarmos inertes diante dos pobres, a ouvirmos a voz de Jesus que diz: "Dai-lhes vós mesmos de comer" (Mc 6,37).

A celebração eucarística é a fonte que impulsiona o cristão a se tornar semelhante ao alimento que recebe: isso é mistagogia quando a celebração gera uma forma de viver dela. É somente assim que pode aflorar uma cultura eucarística. A eucaristia é fonte de comunhão, de oferta de vida, de partilha, de caridade, de solidariedade, de alegria, de encontro com os irmãos, de participar de um banquete e de receber o corpo do Senhor no corpo eclesial. A eucaristia também nos leva a refletir acerca do porquê de tantos passarem fome, do porquê de tantas desigualdades, despertando o desejo de mudanças, de colaborar na construção de uma sociedade mais justa, fraterna, e de levar ao mundo o sentido da fraternidade cristã.

Pelo batismo, a Igreja, na condição de mãe, gera seus filhos para que possam participar da assembleia eucarística e viver eucaristicamente. Cultivar uma vida eucarística implica sentar-se à mesa com os pobres, ter solidariedade com os que sofrem, ter compromisso pessoal e comunitário, além de saber perdoar.

Pela eucaristia carregamos Cristo em nós, no coração do mundo; é um Deus para nós: "A criação encontra sua maior elevação na eucaristia. A graça, que tende a manifestar-se de modo sensível, atinge uma expressão maravilhosa, quando o próprio Deus, feito homem, chega ao ponto de fazer-se comer pela criatura" (LS, n. 236).

Uma cultura eucarística deve mostrar a presença de Deus no mundo. O pão partido torna-se memorial da presença de Deus no mundo e no meio de nós. A eucaristia é, por excelência, o sacramento, é sinal de Deus no mundo por meio de homens e mulheres incorporados à Igreja de Cristo: "Alimentando-nos da eucaristia, somos sempre mais imersos no Cristo e sempre mais ligados a toda a humanidade: nossa presença deveria ser aquela de Cristo" (Câmara, 2014, p. 183).

3.3 Renovação de ações pastorais à luz da dimensão sacramental-mistérica

Mergulhar no mistério é uma experiência do amor de Deus, da história de amor de um Deus que se doou à humanidade e que serviu ao projeto do Pai. Assim, o caminho de todo cristão é experimentar e aprofundar esse amor, vivendo numa comunhão fraterna em uma comunidade que traduza no seu testemunho a presença de comunhão divina. A renovação das ações pastorais está em curso desde o Concílio Vaticano II; é deveras recente, apesar de passados mais de cinquenta anos. É do Concílio que vem o desejo de recuperação do catecumenato, levando os pastoralistas a refletir a respeito desse processo dos primeiros tempos da Igreja e a buscar implementar as mudanças necessárias. Nessa caminhada, aprofunda-se o sentido de mistagogia, de mistério, de querigma no âmbito pastoral e paroquial.

A palavra mistério no cristianismo, como vimos aqui, durante todo o percurso dessa pesquisa, se visibiliza nas ações, na vida, na morte e na ressurreição de Jesus Cristo. Falar de mistagogia não implica uma ação subjetiva, contemplativa, distante do mundo; pelo contrário, falar de uma pastoral mistagógica implica o voltar-se para a Palavra de Deus, na Escritura e na celebração. Querigma e mistagogia são tempos no caminho iniciático catecumenal, que hoje a Igreja prefere expressar como inspiração catecumenal; porque vivemos em outros tempos, não se copia o passado fielmente, mas se inspira no que há de positivo. Portanto, o caminho de renovação passa por uma pastoral de inspiração catecumenal, a partir da catequese como agente impulsionadora de mudança. Essa inspiração começa na Palavra de Deus na Sagrada Escritura, na qual se encontram várias formulações do querigma, o anúncio do Evangelho que os primeiros cristãos espalhavam pelo mundo, sem medo, em meio às contendas culturais da época. O querigma é Jesus Cristo, o anúncio do amor de Deus pela humanidade, que precisa sempre ser comunicado, falado, transmitido, num itinerário que aprofunda e encarne o querigma na vida da comunidade, na celebração e na vida existencial cristã, num processo gradual, catequético, educativo.

Todas as pastorais precisam de alguma maneira seguir esse itinerário, tendo como pressuposto que a Igreja não é um escritório de administração, não é uma escola pública ou particular, não é uma empresa; é casa de Deus, é casa de oração, é casa de encontro, é casa de reunião de pessoas que têm um mandato do Senhor para segui-lo e testemunhá-lo. Assim, a primazia das ações eclesiais é de Deus: "O *princípio da primazia* da graça deve ser um farol que ilumine constantemente as nossas reflexões acerca da evangelização" (EG, n. 112). Todo fazer da Igreja, toda ação pastoral, precisa ser guiada por esse princípio, estar a serviço da ação de Deus, ser instrumento de Deus, entender que não temos o controle de todas as ações e os resultados e o fracasso também são parte da caminhada. Diante da cruz, os discípulos fugiram porque sentiram o fracasso da missão, sentiram-se desamparados, sem entender o que ocorrera; em suma, paralisados até a ressurreição de Jesus. Somente esse fato inusitado e sem explicação para a razão poderia ter retirado esses homens do ostracismo e os levado à missão até a morte. A Igreja que segue os passos de Cristo vive de morte e ressurreição, e sabe, tem a fé de que o Espírito de Deus está sempre com ela em todos os momentos, jogando luzes nas sombras.

Outro dado fundamental é que na Igreja povo de Deus todos os batizados são "evangelizadores natos". O batismo incorpora o fiel na comunidade eclesial, o Espírito que habita na Igreja, habita em cada batizado. Nascemos pelo batismo missionários: "Cada um dos batizados, independentemente da própria função na Igreja e do grau de instrução da sua fé, é um sujeito ativo de evangelização" (EG, n. 120) É preciso incentivar o protagonismo missionário em cada batizado, falar de Deus na simplicidade do dia a dia e levar alegria e esperança a todos; o que não exclui a necessidade de crescer na fé, no aprofundamento do Evangelho, mas não é preciso esperar anos, fazer cursos por se sentir incapaz de transmitir, a quem necessita, os conteúdos básicos da fé. Essa ação constitui não um dever obrigatório num sentido moral, mas num exercício de caridade com o próximo: falar que Deus nos ama, nos perdoa e está de braços abertos na espera de sua aceitação; falar da gratuidade do amor de Deus que transforma vidas.

Com base nesses pressupostos, a comunidade goza de pastorais com seus carismas, e o carisma catequético tem por sentido primordial a transmissão da fé. A catequese inicia na fé e para a fé, de modo que acompanha o caminhar do cristão em todas as suas instâncias. Por isso, podemos ter catequese de formação bíblica, de formação litúrgica, de formação para as famílias, catequese de perseverança. A Igreja globalmente deve ser uma grande casa de catequese, no sentido essencial que está inscrito na etimologia da palavra catequese, *katechein*, "fazer ressoar" (DC, n. 55). A Palavra de Deus deve tocar, ser ouvida, ser levada aos que abrirem seus corações. Esse é o papel da catequese. Assim, uma catequese em inspiração catecumenal se desenvolve em quatro dimensões: a querigmática (centrada na Sagrada Escritura), a celebrativa (centrada na liturgia, nos sacramentos e na oração), a comunitária (centrada nas ações caritativas da Igreja) e a existencial (centrada nos desafios do mundo, da história).

A renovação pastoral a partir da catequese exige uma mudança de mentalidade: a catequese, diante do exposto, não é apenas uma preparação para sacramentos. Não é escola para recepção para sacramentos. Os sacramentos não são para serem recebidos de uma vez por todas. Os sacramentos são celebrados para transformar a vida do fiel em Cristo. Aqui, a recuperação pastoral da unidade dos sacramentos de iniciação ajuda a compreender o sentido salvífico unitário do batismo, da crisma e da eucaristia. Os três sacramentos expressam, a partir de Cristo, a ação trinitária de Deus que torna os homens seus filhos adotivos.

O que significa ser filho de Deus? Receber uma graça para se proteger e ter saúde? Ter a certeza de que nada de mal lhe acontecerá? Ter a garantia de um emprego? Ter a garantia da salvação? São perguntas próprias do ser humano e são legítimas, diante de um mundo por vezes tão caótico. Porém, a vivência sacramental,

– que só pode se aprofundar na pertença à comunidade – desvenda aos poucos para o cristão o que é ser filho de Deus. É o conviver com os irmãos na comunidade que conduz a uma resposta aos anseios por Deus: a leitura da Palavra na celebração e em encontros bíblicos, a participação na celebração eucarística, os envolvimentos nas ações desenvolvidas durante o ano litúrgico, os retiros de oração, os encontros para festejar, a participação nas catequeses de formação permanente, a participação em ações solidárias e caritativas da Igreja e do mundo. O cristão cresce na comunidade, que nunca é perfeita, mas é aquela na qual deve estar na medida em que é ela a fonte para viver no mundo, denunciando as injustiças, colaborando, testemunhando a presença de Deus no mundo como faz o nosso Papa Francisco. Em seus discursos e ações, o Pontífice se põe ao lado dos pobres, da justiça, e se posiciona contra a desigualdade social, busca uma nova economia que ponha no centro a vida e a natureza criadas por Deus.

Toda essa reconfiguração demanda tempo e resiliência, pois principia com ações que se estruturam em torno da linguagem, da pedagogia e da sensibilidade catequéticas para impulsionar a missionariedade, o profetismo e o testemunho. Assim, a iniciação à vida cristã precisa evidenciar de maneira concreta a ligação originária e essencial entre batismo e crisma, os quais direcionam para a eucaristia. A eucaristia sintetiza toda a vida da Igreja no aspecto reunidor da comunhão de mesa, ressignificando o sentido de presença real de Cristo. Como afirma Boselli, um dos problemas centrais do cristianismo é compreender a Igreja como comunhão, como corpo de Cristo numa cultura marcada pelo individualismo (Boselli, 2014, p. 182). Ao participarmos da comunhão, Cristo se doa a nós, membros do seu corpo, o qual é a Igreja numa junção entre Cristo e sua comunidade eclesial, o que significa um compromisso de cada um dos membros de, ao estar no mundo, ser, a partir da unidade com sua Igreja, o rosto visível de Deus para a humanidade. É preciso compreender, meditar e internalizar a riqueza da eucaristia para que efetivamente se viva uma 'cultura eucarística' na diversidade. A Igreja pode ter diversidade, porém sem divisões ou separações. Falta uma espécie de compreensão não apenas intelectiva, falta deixar florescer em cada um a sabedoria de Deus que está nos batizados pela presença do Espírito. Uma vez mais: não se trata de um intimismo, trata-se de se inserir no mundo a partir da celebração, entendendo a história que se vivencia.

É preciso devolver a mística ao batizado: como filho de Deus, seu corpo se torna casa do Espírito e precisa ser nutrido por Cristo na comunhão eucarística. O cristianismo tem muito a oferecer a um mundo que se ressente da ausência do sagrado e se perde em espiritualidades sentimentalistas e subjetivistas. Os sacramentos expressam uma mística que ficou encoberta, porque se perdeu o saber dos sacramentos e, por conseguinte, seu sabor. É preciso transmitir às novas gerações o sentido original dos sacramentos de iniciação à vida cristã, com seu simbolismo realizador da salvação. Toda a liturgia dos sacramentos goza de um significado profundo para a vida de cada batizado, crismado ou eucaristizado: "A liturgia é vida, vivência em comunidade, relação sagrada entre Deus e seu povo; celebração do mistério pascal de Cristo no hoje da história" (Fontoura; Bocalete, 2018, p. 77). Não é um rito pelo rito. A catequese, durante o itinerário catecumenal, deve conduzir o catequizando a fim de despertar esse significado espiritual, pois é a ação do Espírito que doa a graça e conforma os corações. Para despertar esse significado espiritual, esse sentido do simbólico nos sacramentos, essa mudança de percepção em relação aos sacramentos, a catequese, e a pastoral em sua totalidade, precisa atentar-se aos processos de comunicação linguísticos: A linguagem da fé deve atingir os ouvintes, pois a mensagem cristã gravada nas Escrituras tem mais de dois mil anos. Então, é preciso atualizar a linguagem, transmitir a essência, porém observando os aspectos culturais da atualidade.

A catequese, como a ponta de lança da renovação, precisa estar em conjunto com as demais pastorais. As pastorais precisam sair de seus espaços limitantes e se abrirem a um trabalho em conjunto, mas com uma pedagogia que tenha o querigma e a mistagogia como peças fundamentais. Desse modo, deve haver uma pedagogia querigmática e mistagógica que inspire todas as pastorais de uma paróquia e inspire a pastoral em geral. A catequese é como um agente impulsionador de mudanças que movimenta as pastorais e que, ensinando-as, aprende com elas. Assim, por exemplo, a pastoral familiar precisa de uma dinâmica catequética: uma formação centrada na Escritura, na liturgia e no sentido dos sacramentos que leve um apoio e um esclarecimento às famílias, as quais têm o direito de saber manusear a bíblia, de conhecer e meditar acerca das passagens do evangelho, do sentido da celebração, sem que este contato se configure necessariamente como um ensinamento escolar, mas sim como uma forma de encontro. A palavra "encontro" deve permear as pastorais e a catequese.

A catequese é um encontro entre catequistas, catequizandos e catecúmenos no qual todos aprendem e ensinam mutuamente. É claro que o catequista tem o seu papel e o seu saber na condição de guardião da palavra de Deus, um mistagogo; porém, tem a humildade de estar a serviço do Reino e, portanto, tem a certeza de que o Espírito transmite dons a todos, mesmo aos mais simples, e pode sempre nos surpreender. O Espírito surpreende Pedro na casa de Cornélio: desce sobre os pagãos, que teoricamente nada sabiam da fé; enquanto Pedro realizava a pregação, não precisaram esperar o fim da fala, do anúncio, da catequese, de Pedro (At 10,44-48). Assim, devemos sempre ter em mente de que a ação é primeiramente de Deus. A catequese é uma fala e uma escuta, sempre atenta aos sinais de Deus. Portanto, é preciso sensibilidade, um sentir a mudança, um perceber a novidade, a criatividade, a espontaneidade. Nenhuma pedagogia, nenhum método catequético pode ser rígido e imutável, aliás, todas as ações eclesiais são guiadas pelo Espírito e, em algum momento, sempre pode haver surpresas.

Não basta uma pedagogia ou um método elaborado se não houver o senso mistagógico, ou seja, a condução ao mistério de Cristo, ao amor de Deus pela humanidade. Esse senso mistagógico não se realiza só com palavras e explicações do significado dos ritos, mas com um testemunho de amor fraterno numa experiência comunitária: "Eles mostravam-se assíduos ao ensinamento dos apóstolos, à comunhão fraterna, à fração do pão e às orações" (At 2,42); este era o testemunho dos primeiros cristãos. Quando a comunidade se reúne para rezar, para louvar e para agradecer a Deus, deve ter consciência da graça vivida naquele momento e da responsabilidade de testemunhá-la na comunidade e no mundo. No caminho catequético, é fundamental que a Palavra se concretize para além das celebrações, permeando o dia a dia. Sua manifestação deve ocorrer por meio de ações que dão suporte aos carentes, oferecem conforto aos que sofrem e alcançam os excluídos nas margens da sociedade. Desta forma, a Palavra atua como um instrumento de mudança, influenciando todas as esferas da experiência cristã.

Na iniciação à vida cristã deve haver integração entre anúncio, ensinamento, liturgia e sacramentos, vida comunitária e existência histórica. Na base da pastoral dos sacramentos de iniciação há necessidade de vivenciá-los de modo concreto e em unidade, daí que a pastoral do batismo precisa atuar como uma pastoral de iniciação à vida cristã e não apenas como uma pastoral que batiza crianças, que recebe inscrições para batizados nas quais pais e padrinhos ouvem palestras por dois dias e batizam os filhos de uma vez por todas. Já existem esforços para mudar essa realidade, porém a passos lentos.

O batismo é uma ocasião primordial para evangelizar as famílias que vêm batizar seus filhos, pois não basta batizar as crianças para que estas só retornem na época da primeira comunhão. Continua a ser reproduzido um tipo de batizado sem compromisso comunitário. É preciso uma catequese efetivamente familiar com uma pedagogia própria que conduza os pais ao seu papel de sujeito da catequese, na medida em que, por terem sido evangelizados, também evangelizem seus filhos. O futuro do cristianismo está nos jovens e nas crianças, e a família é o primeiro acesso a eles. A iniciação à vida cristã de crianças, de jovens e das famílias merecem atenção especial da Igreja.

3.4 O papel dos agentes pastorais

Sem a participação efetiva dos agentes de pastorais, bem como dos leigos juntamente com o clero, num processo renovador de mentalidades que assuma o seu papel de sujeito no processo evangelizador com compromisso e responsabilidade, não há como efetuar mudanças. A Igreja, as pastorais, a liturgia, a catequese, todas essas instâncias se efetivam porque há seres humanos em seu desenvolvimento. Por ser um corpo de batizados, portanto, de portadores do Espírito, é preciso que todo agente de pastoral redescubra, com espírito, a sua força interior de ser evangelizador: "Evangelizadores com Espírito quer dizer evangelizadores que se abrem sem medo à ação do Espírito Santo" (EG, n. 259). Assim como os apóstolos se abriram ao Espírito em Pentecostes, nos diz o Papa Francisco (EG, n. 259), saindo de si mesmos e anunciando o Evangelho, os agentes pastorais devem se deixar transformar pelo Espírito para evangelizar, pois todas as ações da Igreja das mais simples às mais complexas se inserem no processo de evangelização, ou seja, levar Jesus Cristo vivo, ressuscitado, à humanidade. É preciso mais que palavras e ações, é preciso principalmente "uma vida transfigurada pela presença de Deus" (EG, n. 259).

Essa exigência, à primeira vista, parece demasiado imensa, afinal, os agentes de pastorais são pessoas comuns que vivem sua religião em um mundo contemporâneo, o qual comporta diversas demandas e diversos problemas. Evangelizadores com espírito, com ânimo, com desejo, com alegria de servir mesmo na imperfeição e com seus limites, são "evangelizadores que rezam e trabalham" (EG, n. 262). Rezar e trabalhar não significa aderir às "propostas místicas desprovidas de um vigoroso compromisso social e missionário, nem os discursos e ações sociais e pastorais sem uma espiritualidade que transforme o coração" (EG, n. 262). É o cultivo de um espaço interior por meio da leitura orante da Palavra, dos espaços celebrativos da Igreja, para impulsionar as ações pastorais. O agente pastoral necessita trazer em sua vida, em seus gestos e na maneira de se relacionar com o próximo, a marca do seu batismo: expressar, no mundo, a filiação do Pai, ainda que de maneira imperfeita, pois não está imune ao pecado; porém, deve haver uma coerência entre a vida comunitária e a vida no mundo, ou melhor, o comunitário, de modo que o celebrativo precisa se desdobrar no mundo. A tarefa do povo de Deus é ser sal da terra e luz do mundo, tanto clérigos quanto leigos, embora aqui desejemos tratar do papel dos agentes pastorais leigos.

A CNBB, no documento 105, o qual foi fruto da 54ª Assembleia da Conferência Nacional dos Bispos do Brasil de 2016, afirma que: "Cada cristão leigo é chamado a ser sujeito eclesial para atuar na Igreja e no mundo" (Doc 105, n. 1). Ser sujeito é ter uma atuação participativa e compromissada que assuma sua corresponsabilidade e protagonismo na construção do Reino de Deus em comunhão com todo o seu povo (cf. Doc 105, n. 3). Todos os membros do corpo de Cristo, sua Igreja, devem trabalhar em comunhão a fim de evangelizar e colaborar no desenvolvimento do projeto de Deus para as sociedades. O documento enfatiza a índole secular dos leigos, a vocação própria de estar no mundo e viver pelo testemunho da fé; mas também enfatiza a participação na ação pastoral da Igreja (Doc 105, n. 7). Esse compromisso na participação pastoral eclesial é uma ação própria do batizado, o qual é selado pelo Espírito na confirmação para viver e exercer seu carisma pastoral-eclesial (Doc 105, n. 8).

Essa ação batismal precisa ser desenvolvida, porquanto não nasce pronta; o cristianismo não é mágico, pois todos os processos sacramentais precisam florescer e isso só é possível na pertença comunitária. Ninguém pode ser cristão sozinho, assim como ninguém se salva sozinho. É preciso retornar à coragem para conviver, viver em comunidade, estar na comunidade, participar de suas ações, apesar das dificuldades relacionais humanas. Retomamos aqui a linha de reflexão que guia esta pesquisa, a saber, o espaço celebrativo sacramental, espaço próprio do cristão, que precisa ser revalorizado como espaço de encontro com Cristo e sua comunidade, espaço de espiritualidade do mistério que alimenta o interior a fim de movimentar as ações externas. Sem uma mudança interior, sem uma mudança de mentalidade que suscite a alegria de servir, acabam-se repetindo as mesmas atitudes de sempre: a pastoral como uma extensão da escola, como um trabalho de Igreja, como algo suplementar que pode ser substituído por outra atividade; ou então a fixidez num modelo imutável que não pode ser mudado. Para uma mudança de mentalidade, o documento afirma a importância da iniciação à vida cristã como "a fonte e a origem do discipulado e da missão" (Doc 105, n. 105).

A Igreja assumiu como urgência ser casa da iniciação à vida cristã (Doc 107, n. 64), o que significa que a comunidade inicia, educa e acompanha, de modo que todas as pastorais convergem para uma vivência anunciadora, educadora e testificante do amor de Cristo. Assim, a Igreja é uma grande casa catequética, porém há pessoas que especificamente são chamadas a realizar essa ação, esse "ministério". Como ponto de partida para a renovação de mentalidade, para passar de uma pastoral de conservação para uma pastoral missionária-profética, enfatiza-se o papel do catequista na Igreja de hoje, pois toda mudança começa pelos processos educacionais. A catequese, como ação educativa da Igreja, tem no catequista um agente de transformação.

Recentemente, o Papa Francisco, em forma de *Motu Proprio*, instituiu o ministério do catequista[32], concretizando um caminho iniciado no Concílio Vaticano II a partir da reflexão acerca da colaboração dos leigos na catequese (Moraes, 2022, p. 19). A ministerialidade do catequista significa favorecer "o resgate da riqueza ministerial presente na grande comunidade dos batizados. Não se trata, portanto, de um prêmio a um grupo, ainda que significativo, mas de uma maturação eclesial"[33]. A vocação do catequista se insere na vocação do povo de Deus, "na grande comunidade dos batizados", e por essa peculiaridade pode-se entender que o catequista é o rosto da comunidade, reflete a comunidade e, ao mesmo tempo, a alimenta e a faz crescer: "A vocação específica do catequista, portanto, tem sua raiz na vocação comum do povo de Deus, chamado a servir o desígnio salvífico de Deus em favor da humanidade" (DC, n. 110).

O catequista tem um papel fundamental na caminhada do povo de Deus; a instituição do ministério ilumina, traz à luz, a eclesialidade da catequese, a instância visibilizadora da Igreja de Cristo. A ministerialidade é um serviço a outrem, é um carisma, é uma graça, um dom do Espírito que vem do Pai inspirado "na figura humilde e pobre do Filho encarnado" (Doc 95). O ministério é um serviço reconhecido pela Igreja em prol da comunidade e, por conseguinte, da humanidade. O catequista tem uma função peculiar, que é a de "serviço pastoral de transmitir a fé" em suas diferentes etapas desde o querigma, passando pela instrução à preparação para o sacramento da iniciação cristã até a formação permanente (AM, n. 6). Em consonância com o *Diretório para a catequese*, a Carta apostólica afirma a identidade do catequista como "testemunha da fé, mestre e mistagogo, acompanhador e pedagogo que instrui em nome da Igreja" (AM, n. 6). São três aspectos ou funções inerentes à identidade do catequista já desenvolvidos no *Diretório* de 2020: testemunha da fé e guardião da memória de Deus; mestre e mistagogo; e acompanhador e educador (DC, n. 113).

Como "testemunha da fé e guardião da memória de Deus", o catequista vive da Palavra de Deus, do Evangelho, da Boa-nova,, anunciando ao mundo que o amor de Deus continua presente. O catequista é o guardião da Palavra que anuncia o Evangelho, ensinando-o e testemunhando-o. A experiência do encontro com Cristo deve movimentar a sua vida, como esperança para o próximo e de maneira crível.

---

32. Publicada em 10 de maio de 2021, a Carta apostólica em forma de *Motu Proprio Antiquum Ministerium* instituiu o ministério do catequista.

33. Cf. a apresentação à segunda edição do Doc 95, 2021.

Como mestre e mistagogo, o catequista ensina o conteúdo da fé e introduz ao mistério da fé, que é Cristo morto e ressuscitado, despertando a consciência da Palavra na celebração. Contribui para formar uma mentalidade litúrgico-sacramental a fim de propiciar uma mudança de percepção em relação aos sacramentos, especialmente os sacramentos da iniciação, os quais devem ser entendidos na sua unidade e sentido na história da salvação, sobretudo a eucaristia.

Como acompanhador e educador, o catequista é um humanizador, sabe escutar as dores e as alegrias humanas para ressignificá-las a partir do coração do Evangelho. Nesse sentido, o catequista ajuda a Igreja a atualizar seus processos de evangelização ao contribuir para que o diálogo entre Igreja e mundo não se esmoreça.

A complexidade da realidade atual exige muito mais dos pastoralistas, sendo que o catequista – por ser a catequese uma instância fundamental na transmissão da fé – tem uma responsabilidade maior, pois educar para a vida é uma tarefa infinita uma vez que a vida sempre nos surpreende. Educar para a vida cristã não é instruir apenas, é formar um ser em sua integralidade: esse novo perfil do catequista é um desafio aos pastoralistas e vem sendo construído. É preciso formação e oração, intimidade com a Sagrada Escritura, com a liturgia, com a vida comunitária, é um leque bem mais amplo, porém instigante, e acima de tudo é preciso se deixar conduzir pelo Espírito.

A ministerialidade deve ser entendida como serviço da Igreja ao Pai e ao próximo; assim, não se pode correr o risco de um mal entendimento: catequese é servir a Deus na caridade de ajudar o próximo a encontrar a felicidade de viver em Cristo. A catequese é ação capaz de renovar sempre a partir da comunidade, o catequista sozinho não realiza a sua missão, por isso a ministerialidade enfatiza o aspecto comunitário, uma vez que a pastoral catequética deve caminhar em conjunto com as outras pastorais:

> Caminhar juntos – ensina o Papa Francisco – é a via constitutiva da Igreja; a cifra que nos permite interpretar a realidade com os olhos e o coração de Deus; a condição para seguir o Senhor Jesus e ser servos da vida nesse tempo ferido. Respiro e passo sinodal revelam aquilo que somos e o dinamismo de comunhão que anima as nossas decisões. Somente nesse horizonte podemos renovar de verdade a nossa pastoral e adequá-la à missão da Igreja no mundo de hoje. Somente assim podemos enfrentar a complexidade deste tempo, reconhecidos pelo percurso realizado e decididos a continuá-los com *parresia* (CTI, 2018, p. 120).

Conclusão

Neste capítulo desenvolvido em quatro tópicos refletimos a respeito da dinâmica triunitária dos sacramentos da iniciação à vida cristã como possibilidade de evidenciar uma vivência mistagógica atual. Compreender os sacramentos da iniciação em dinâmica unitária é o mesmo que compreendê-los no seu sentido originário. O batismo conduz à eucaristia que se repete porque ser cristão é estar em caminho, num caminho de permanência na fé e no amor. A celebração está no coração de Deus por ser uma forma, uma maneira, um meio de comunicação, de encontro entre o humano e o divino. Mergulhar nesse mistério de amor é a experiência do ser cristão; assim, a perda desse saber celebrativo levou à perda desse sabor, dessa experiência, fragmentando-se o celebrar e o viver, de modo que recuperar esse sentido unitário nos ajuda a penetrar no mistério.

No primeiro tópico, tratamos da teologia dos sacramentos da iniciação à vida cristã que revela a íntima comunhão trinitária: no batismo, evidencia-se a teologia da filiação ao Pai; na crisma, a teologia da unção no Espírito e, na eucaristia, a teologia da nutrição. Esses três aspectos teológicos unem os sacramentos, evidenciam sua realidade de salvação e exprimem a comunhão eclesial. Os sacramentos da iniciação à vida cristã, como o nome indica, incorporam os homens a Cristo.

Incorporar significa tomar corpo, fazer parte, adentrar naquele corpo de vida cristã. Isso não se realiza de uma forma abstrata porquanto a celebração concretiza uma pedagogia, um caminho, um momento que conduz a outro momento. Essa incorporação se realiza no campo simbólico pelo mergulho na morte e na ressurreição em Cristo, pela ação do Espírito presente na comunidade que celebra e que torna aquele que ingressa filho adotivo de Deus-Pai em Cristo. Agora incorporado à comunidade, o fiel participa da eucaristia numa vivência fraterna. Batismo, confirmação e eucaristia têm uma relação que os une, a saber, tornar os homens filhos no Filho do Pai pelo Espírito, participando de uma comunidade pneumática. É somente no tornar-se filho que se pode viver na fraternidade.

O sentido inicial de batismo vem do imergir na água, elemento físico vital que se torna símbolo de mudança, de renovação, de vida nova. O ministério de Jesus, assim relatam os quatro evangelhos, começa logo depois do batismo no Jordão. Na sua caminhada pela existência terrena, Jesus não anuncia a si mesmo, mas se põe a serviço do Deus-Pai, que ele chama, singularmente, de "meu Pai"; toda a vida de Jesus é enfrentar os obstáculos e realizar ações, curas e milagres para demonstrar aos homens a presença do Reino de Deus.

O tempo de existência de Jesus era estar voltado para os outros, o próximo, fazendo-se próximo no serviço a Deus. A vida de Jesus é servir a Deus e à humanidade na liberdade do Espírito, pois o Espírito encontra-se junto dele nessa missão; o Espírito é dado pelo Pai. Jesus também forma a comunidade dos discípulos, que também permanece com ele. Quando seu tempo está terminando, ou quando sua hora está chegando, conforme entende o Evangelho de João, Jesus se entrega simbolicamente na ceia com os discípulos durante a Páscoa judaica. No partir do pão, é ele mesmo que se reparte, que se oferta a Deus livremente, antecipando a cruz que na qual padeceria logo em seguida.

Nessa última ceia, ele pede que a memória desse evento se perpetue, que ela continue a ser realizada por seus discípulos. Do batismo à última ceia, chamada eucaristia, Jesus viveu implantando o Reino na companhia do Espírito e em íntima comunhão com seu Pai. Esse trajeto de Jesus é o trajeto da filiação, de modo que ser cristão é se tornar, em Cristo, filho adotivo de Deus na força do Espírito. Trajeto que, depois da morte e da ressurreição de Jesus, cabe à Igreja viver com seus membros, pois é somente no viver como filhos de Deus e, por conseguinte, irmãos uns dos outros, que estaremos na verdadeira fraternidade.

A unção é uma ação antropológica que significa curar, tratar, amaciar, porém, é o próprio nome do Espírito (*Spiritalis Unctio*). O sentido de unção passa pelo Antigo Testamento como Messias (Ungido), que na língua grega se diz *chrio*, Cristo, o Ungido. A unção se refere à ação do Espírito presente nos escolhidos e no Eleito de Deus, como testemunham o Evangelho de João e o livro de Atos no anúncio de Pedro na casa de Cornélio.

O gesto litúrgico da unção refere-se a Cristo, o Ungido. Os primeiros cristãos sempre entenderam a unção ligada ao batismo: Jesus, depois do batismo saiu em missão. Evidencia-se uma relação trinitária entre o Ungido (o Filho), o que Unge (o Pai) e a Unção (o Espírito). Essa teologia explicita a necessidade de se compreender a crisma em relação com o batismo, como compreendiam os primeiros cristãos. É na força do Espírito que Cristo cumpre seu ministério até a cruz, quando se entrega ao Pai numa expressão de amor que gera comunhão com a humanidade. Os sacramentos da iniciação à vida cristã expressam essa ação salvífica de Deus, pois ingressar na vida cristã implica viver nessa comunhão divina. Batismo e crisma tendem para a eucaristia, para a vivência fraterna, a qual será tema do tópico seguinte.

Assim, no segundo tópico, tratamos da eucaristia que, da celebração, da ceia do Senhor, impulsiona ações concretas na vida de cada cristão numa mistagogia que conduz à "cultura eucarística". Aqui, evidencia-se a necessidade de uma recuperação da unidade pastoral dos sacramentos da iniciação a fim de que a eucaristia seja tematizada como o centro da vida eclesial. A eucaristia é o sacramento pleno da comunhão divina com os homens. Percebe-se, atualmente, uma necessidade de se resgatar o sentido de solidariedade que a eucaristia suscitava nos primeiros tempos antes de se fixar numa presença realística de Cristo e encobrir o aspecto fundamental de Ceia do Senhor tão testemunhado no Novo Testamento. Uma cultura eucarística parte do mistagógico para o existencial, do celebrar para o viver, levando à compreensão do sentido pleno de mistagogia, o qual precisa ser experimentado na comunidade eclesial para se desdobrar na vida diária.

No terceiro tópico, refletimos acerca da necessidade de uma pastoral querigmático-mistagógica, numa renovação a partir da catequese como centro irradiador. A comunidade é o espaço de educação da fé e de formação de mentalidade; esse espaço não precisa ser físico, mas deve haver a comunhão de pessoas que, juntas, se propõem a levar o Evangelho ao mundo na sua radicalidade. É a Igreja em saída da qual fala o Papa Francisco na *Evangelii Gaudium*, é o arriscar-se, ir às pessoas como Jesus veio a nós e como os seus apóstolos foram pelo mundo.

Essa movimentação necessita ser impulsionada por intermédio dos processos de transmissão da fé. Por meio deles, inicia-se a renovação pastoral, pois a compreensão dos sacramentos de iniciação à vida cristã em sentido trinitário, que resgata a plenitude de uma vivência sacramental, exige uma mudança de mentalidade, uma educação integral. Uma pastoral de inspiração catecumenal pressupõe, ou implica, uma catequese de inspiração catecumenal como elemento impulsionador da mudança.

A catequese anuncia, inicia, gera a fé: é o catequista humanista que acolhe, que recebe com carinho, que dialoga, que escuta e que aprende muito, que tem o coração aberto para não julgar apressadamente, com preconceito, entendendo que atualmente as pessoas já não conhecem Jesus Cristo como outrora. Temos de começar de novo, reiniciar, e não deletar. A catequese de inspiração catecumenal se centra nas dimensões da Palavra, da liturgia-sacramentos, da comunidade fraterna, do testemunho na história; é, em suma, uma ação transformadora e não uma propaganda que visa a aumentar fiéis para a Igreja, é sair ao encontro de pessoas para dar algo novo às suas vidas, dar um bem a uma sociedade às vezes tão fria, tão cruel, tão injusta.

O cristão precisa sentir o aconchego de Deus, por isso a catequese não pode se fixar no estilo professoral, que tantas vezes mais afasta do que aproxima. É uma catequese materna, é uma catequese amorosa, com a alegria do Espírito que envolve, que abre os braços ao outro. É um novo modelo que implica um novo catequista, um novo pastoralista, semelhante ao pastor Jesus. Esse modelo catecumenal deve permear todas as pastorais, pois todas devem estar em processo de conversão, como convoca o magistério de Francisco, o que significa um buscar o aprofundamento da fé, um reencontro com a dádiva do Evangelho.

A renovação pastoral necessita de uma renovação de mentalidade, e só se renova a mentalidade no diálogo educativo. As pastorais precisam assumir sua vocação profética transformadora a partir da sua vocação catequética. Toda pastoral deve ter um espaço de catequese permanente centrada no querigma e na mistagogia. O anúncio de que Deus veio ao mundo, caminhou com os humanos, tornou-se uno com os homens, fez o bem, curou, perdoou, incluiu a todos, fez a justiça do Reino e foi crucificado, morreu, tudo por amor e graça, e continua presente por meio do seu Espírito na sua Igreja, precisa ecoar em todas as pastorais num trabalho conjunto de formação permanente que vai da Palavra à oração num processo mistagógico. O amor de Deus pela humanidade é mistério; expressou-se no mistério pascal. O cristão deve aprofundar-se nesse mistério e vivenciá-lo nas situações comunitárias, a fim de que transborde em sua vida. As pastorais precisam se transformar em espaços querigmáticos-mistagógicos, e a catequese é a agente de mudança nesse novo processo evangelizador.

Chegamos ao último tópico no qual discutimos o papel dos agentes pastorais nessa renovação. A Igreja e as pastorais são movimentadas por seres humanos com limites, anseios, sonhos, cultura, ou seja, deveras diversos entre si. Sem que os agentes de pastorais, sem que o povo de Deus – o clero, os leigos, os consagrados, batizados em geral – se predisponham às mudanças, fica impossível caminhar. É preciso que cada fiel se ponha em estado de conversão, de molde que busque a alegria de ser cristão: são os evangelizadores com Espírito acerca dos quais fala o Papa Francisco na *Evangelii Gaudium*.

O encontro com Cristo deveria suscitar uma resposta na alegria que impulsionasse a missão. É preciso formar agentes missionários na disposição do receber e do transmitir, pois só se é cristão na vivência concreta. Desde o Concílio, a Igreja recupera o papel dos leigos na Igreja e reflete quanto a isso, de modo que institui ministérios e, recentemente, o ministério do catequista.

A ministerialidade não é prêmio, é serviço à Igreja, é tarefa eclesial que nasce do seio da vocação do povo de Deus. Servir à Igreja é servir a Cristo; um não se dissocia do outro, é uma mentalidade de comunhão, de tornar comum, de conviver com o outro, com o diferente, mas com mesmo o propósito: Jesus Cristo. Em um mundo estritamente individualista, é preciso uma mentalidade de comunhão eclesial. A ministerialidade do catequista visibiliza sua responsabilidade e compromisso. Devemos lembrar sempre que Deus tem a primazia das ações. Como comunidade de filhos do Pai, irmãos em Cristo, movidos pelo amor do Espírito Santo, caminhamos juntos em processo sinodal. O batismo conduz à vivência fraterna eucarística no amor da comunidade, apesar de nossas imperfeições e de nossos problemas.

4
Conclusão

O objetivo de nossa pesquisa era refletir a respeito da recuperação da unidade dos sacramentos de iniciação à vida cristã como um caminho de renovação pastoral. Tentamos demonstrar que esse sentido unitário dos sacramentos da iniciação baseia-se no conceito de *mystérion*. Assim, fizemos um percurso que visava a vislumbrar essa relação entre sacramentos e mistério a fim de contribuir para um entendimento mais fecundo dos sacramentos de iniciação cristã. A unidade batismo-crisma-eucaristia era evidenciada e vivida pelos primeiros cristãos, principalmente nos primeiros quatro séculos, como sentido pleno da iniciação à vida cristã, pois iniciar-se na vida cristã era mergulhar no mistério de Cristo, na força do Espírito, para viver na comunhão eucarística. Esse sentido ficou esquecido por acontecimentos históricos, teológicos e pastorais, até que o Concílio Vaticano II buscou resgatar o sentido original de iniciação cristã. Esse caminho continua a ser feito, de modo que o magistério de Francisco deu um novo vigor nessa caminhada.

A nossa pesquisa se desenvolveu em três capítulos, nos quais no primeiro pretendemos evidenciar os desafios que a iniciação à vida cristã atualmente precisa superar, desafios que conduzem a perspectivas, a uma espécie de "ver" a realidade pastoral; no segundo, procuramos discernir, mediante um tratamento histórico-teológico e pastoral, para discutir a relação entre sacramentos-mistério-iniciação, bem como da origem comum à perda de sentido até sua recuperação pelo Concílio Vaticano II; no terceiro, refletimos a respeito da teologia fundamental dos sacramentos da iniciação cristã e apontamos caminhos de renovação pastoral. Nosso método pretendeu se desenvolver numa hermenêutica do ver/discernir/agir com discernimento.

Dessa forma, no primeiro capítulo salientamos como primeiro desafio à iniciação à vida cristã a complexa realidade contemporânea, a qual é marcada pela "crise de sentido", expressão de uma mudança de época, na qual as relações se tornam cada vez mais mutáveis e fragmentárias. Essa fragmentação rompe com a integralidade do ser humano num processo cada vez mais crescente de autorreferencialidade: onde estão os outros, os pobres, a natureza? Tudo deve ser consumido e descartado, até mesmo o ser humano. Diante desse mundo, tantas vezes caótico, a religião não acabou; apesar do ateísmo na Europa, ela se mantém firme e, no Brasil, tem influenciado o campo político, haja vista as contendas das últimas eleições. No campo pastoral, apesar das mudanças implementadas pelo Concílio Vaticano II, emergem algumas situações de conservadorismos, de retorno a atitudes litúrgicas e de mentalidade pré-conciliar; por outro lado, há muitos batizados ainda não evangelizados que vivem um cristianismo tão somente social. A paróquia, apesar das reflexões magisteriais, ainda precisa avançar muito para se tornar a casa da iniciação à vida cristã.

Diante dessa realidade, o magistério de Francisco provoca a pastoral; eis o segundo desafio analisado. Franciso convoca a Igreja a uma conversão e a se pôr em estado permanente de missão; uma vez que é preciso formar mentalidades, não se pode mais apenas iniciar nos sacramentos, pois suas dimensões originárias não são perceptíveis pelos fiéis. Numa cultura de mentalidade individualista, os sacramentos também ainda são entendidos como celebrações sociais externas à vida comunitária eclesial e à vida existencial.

O Magistério de Francisco lança o desafio de se renovar a pastoral de dentro, numa dinâmica de saída; assim, cada evangelizador, cada pastoralista, deve estar disposto a anunciar o Evangelho numa missionariedade. É uma nova perspectiva, pois é preciso uma reconversão, uma volta ao primeiro amor, um reencontro com a alegria do Evangelho, é, em suma, preciso coragem para escutar a voz do protagonismo de Deus, pois é Ele quem age primeiro.

Preocupado com os processos de transmissão da fé, em consonância com as reflexões anteriores dos pastoralistas e dos catequetas, o magistério de Francisco convoca a catequese a uma nova relação: uma catequese querigmática e mistagógica na qual o querigma não esteja apenas no começo, mas que a ele sempre se retorne, das mais variadas formas, e, assim, lança um desafio à iniciação à vida cristã. Depois das provocações de Francisco, a Igreja do Brasil, que há tempos reflete acerca da iniciação cristã (expressão que no Brasil é usada com a palavra "vida", o que enfatiza a essência da iniciação), publica o documento 107, o qual é um itinerário para formar discípulos missionários e, usando o método ver-julgar-agir, aponta um novo processo para a iniciação à vida cristã em inspiração catecumenal. A inspiração catecumenal consiste num eixo que vai da Palavra à celebração numa condução ao mistério de Cristo, a uma mistagogia. O mistério é o projeto do amor do Pai revelado em Cristo, de modo que iniciar na vida cristã é penetrar nesse mistério por meio do mistério Igreja, a comunidade portadora do Espírito Santo. Os processos de transmissão da fé precisam ser renovados a partir da circularidade querigma-mistagogia que deve estar presente em toda catequética.

Em consonância com o magistério de Francisco, o *Diretório para a catequese de 2020*, que tem pontos de contato com o documento 107, aponta caminhos de renovação para que a catequese amplie suas fronteiras, tornando-se não mais instrutora da fé, como no período de cristandade, mas formadora do ser cristão em sua integralidade. O *Diretório* explicita a identidade da catequese na sua eclesialidade missionária anunciadora da Palavra de Deus. A catequese inicia na fé e para a fé, acompanha seu crescimento durante a caminhada cristã. O mistagógico não se põe apenas no final, como explicação de ritos, pois é um processo que aprofunda a Palavra na vivência do simbólico durante a catequese a cada domingo, seguindo a liturgia, o ano litúrgico e as atividades pastorais.

Nesse processo, os sacramentos da iniciação precisam ser compreendidos em sua dinâmica unitária e trinitária, pois batizar-se é tornar-se filho no Filho do Pai e na unção do Espírito para viver na comunhão eucarística. O batismo é mergulhar na vida eclesial fraterna, caritativa, de partilha do pão, numa comunhão verdadeira para que se possa testemunhar, no mundo, essa fraternidade. Os documentos apontam que a inspiração catecumenal é o eixo impulsionador da renovação pastoral na dinâmica querigmático-mistagógica e elencam a necessidade de se recuperar o sentido unitário dos sacramentos da iniciação e repensar a ordem pastoral a fim de evidenciar a centralidade da eucaristia. A inspiração catecumenal é o grande desafio da iniciação à vida cristã e, ao mesmo tempo, aponta novas perspectivas porque leva a repensar a forma de compreender os sacramentos como *mystérion* e, por conseguinte, a rever a unidade dos sacramentos da iniciação.

No segundo capítulo, fizemos uma discussão histórica com um olhar teológico-pastoral. O termo *sacramentum* é uma tradução da Igreja latina para *mystérion*, um termo grego oriundo das religiões iniciáticas. O conceito de *mystérion* no Novo Testamento recebeu um sentido novo: é o projeto de Deus revelado em Cristo. O mistério do amor de Deus pela humanidade se revela em Cristo numa ação trinitária do Filho voltado para o Pai no Espírito. Dessa revelação central emana o entendimento de que os eventos da vida de Cristo e as suas ações, bem como as ações da sua Igreja, são mistério(s). A encarnação de Cristo, a virgindade de Maria eram mistérios, bem como as ações da Igreja como o batismo e a eucaristia, daí que a palavra *sacramentum* traduz o termo *mystérion*. Contudo, é mais que um sentido linguístico, é uma mentalidade que compreende a sacramentalidade da história da salvação na qual Deus age concretamente por meio de seus sinais até enviar o seu Filho visivelmente numa verdadeira união do divino e do humano, isto é, uma mística.

O mistério é revelado em Cristo, porém ainda se esconde, pois a compreensão em sua totalidade virá no tempo escatológico. É na patrística que esse sentido de sacramentos-mistério ganha força e expressão. A maneira patrística de entender os sacramentos como mistérios tinha sua fonte, metodologia e espiritualidade na Sagrada Escritura, porquanto ela contém as narrativas da presença de Deus na história, nos eventos definitivos da salvação. Os sacramentos-mistério são realidades da presença de Deus, de modo que não há uma ideia de separação. Nos primeiros quatro séculos, encontrar-se-á um sistema de iniciação à vida cristã que expressa essa mentalidade mistérica dos sacramentos. No entanto, a iniciação não nasce na época patrística porque podemos encontrá-la já nas páginas do Novo Testamento, isto é, nos roteiros de iniciação cristã que, embora sem usar a palavra iniciação, descrevem uma forma de ingressar na comunidade do Ressuscitado.

Os primeiros cristãos não concebiam pensar o batismo como algo separado da comunidade, porquanto batizar era mergulhar no mistério de Cristo por meio da comunidade eclesial, a qual também era entendida como mistério. No Novo Testamento, há várias passagens nas quais encontramos o trajeto da iniciação, como, por exemplo, no livro de Atos: anúncio, conversão, fé e o recebimento do Espírito. Os primeiros cristãos anunciam, comunicam o mistério de Deus em Cristo e, dessa forma, a iniciação cristã nasce, pois não havia como participar da morte e ressurreição de Jesus sem ela: batizar, receber o Espírito e participar da ceia. Os cristãos aprofundarão e formarão um tipo de iniciação catecumenal, realizado em tempos, a fim de conduzir as pessoas a uma participação na vida de Cristo. Depois do tempo de ensinamentos doutrinários, centrado na Palavra e nos símbolos da fé, eram celebrados os sacramentos. Desse modo, os então neófitos eram educados nas catequeses mistagógicas. Havia uma preocupação com a permanência, com o aprofundar a experiência de fé. As catequeses mistagógicas expressam o sentido pleno de sacramentos-mistérios, que não eram rituais convencionais, e sim experiência sagrada de encontro com Deus. A vida, a história, os personagens, não incomodavam as catequeses mistagógicas, que visavam a "explicar" não de maneira especulativa, mas sim desvendar, conduzir ao entendimento do significado de se viver uma vida de amor e caridade em Cristo. Não havia necessidade de pensar em causa da graça, pois havia a noção da proximidade com Deus. O imergir na água era estar em proximidade com Deus porque Jesus imergiu no mundo. Batizar-se e eucaristizar-se era estar mergulhando e em comunhão com Deus na sua Igreja. Esse aspecto começa a se deslocar com a necessidade de definir os sacramentos e, nessa definição, afastou-se pouco a pouco do sentido de mistério.

Por que os cristãos usarão esse termo *mystérion* oriundo do grego? É claro que existem as razões culturais, porém, em nível teológico, os cristãos – que vivem num mundo de mentalidade predominante greco-romana – querem demonstrar que Jesus Cristo trouxe à luz o *mystérion*, que ele é o *mystérion* revelado. É, portanto, um sentido dinâmico que remete diretamente para Jesus Cristo, para o evento da cruz e da ressurreição, e tudo o que isso implica o âmbito celebrativo.

Com o método patrístico alegórico englobante aflorava esse sentido original, que foi sendo substituído por uma maneira filosófica especulativa que buscava definir, limitar, de modo que aos poucos a relação de mistério dos sacramentos foi esquecida e formou-se uma mentalidade institucionalizadora dos sacramentos como "sinais" compostos de matéria e forma. O sentido concreto do mistério, a visibilidade dessa mística no agir de Deus na história, na sua Igreja, nos seus mistérios-sacramentos, fica obscurecido. A noção dos sacramentos como participação na vida trinitária, como vivência comunitária celebrativa e testemunhal configurada a Cristo, numa mística sacramental, se esmorece. A expressão "mística sacramental" desaparece ou quase nunca é utilizada.

Os sacramentos perdem seu espaço de acontecimentos da vida eclesial, de força do evento em Cristo, e passam a ser entendidos numa visão individualizante como uma graça que o fiel recebe. Em consonância com esses acontecimentos, a partir do século V a iniciação cristã catecumenal começa a se modificar devido a fatores históricos que influenciam diretamente a pastoral. O crescimento do cristianismo, o aumento das comunidades, a mentalidade de que o batismo era fundamental para salvar as almas e a crisma, a qual era reservada ao bispo, culminaram no adiamento da confirmação. A eucaristia foi se fixando no sentido de presença real de Cristo. Perdeu-se o sentido de iniciação à vida cristã, pois batizar-se é uma necessidade social num mundo em que todos são cristãos. Afasta-se o sentido de mergulhar no mistério dos sacramentos da iniciação cristã. O sacramento se torna um remédio para a resolução de problemas individuais; há toda uma teologia ocidental com predomínio cristocêntrico que obscurece o caráter pneumático, trinitário e eclesiológico dos sacramentos. É com o movimento litúrgico e a teologia sacramental do século XX que se recupera o sentido de mistério, desembocando no Concílio Vaticano II, o qual reencontra a Igreja Mistério na comunhão das pessoas trinitárias e se desdobra no povo de Deus participante e convocado a participar dessa comunhão. Assim, o Concílio pede a recuperação do catecumenato e a revisão da crisma a fim de evidenciar a unidade dela com o batismo e a unidade da iniciação cristã. O retorno do catecumenato leva a Igreja a refletir a respeito da iniciação à vida cristã de uma maneira renovada.

Assim, entramos no terceiro capítulo, no qual refletimos quanto a como, do batismo à eucaristia, pode-se contribuir para a construção de um itinerário mistagógico que renove a pastoral. Mistagógico porquanto é conduzir ao Mistério de Deus por meio da Palavra inscrita nos símbolos sacramentais. A mistagogia aprofunda a Palavra e a tem como fonte: a água que, na celebração, limpa e lava, é transformada em elemento criador do Espírito que impulsiona à ação amorosa de Deus. A iniciação à vida cristã, numa inspiração catecumenal, deve conduzir o cristão ao mergulho numa vida marcada pela comunhão trinitária: a comunhão de um Deus que ama e só sabe amar e vive voltado para o Filho e pelo Filho na força do Espírito. Essa comunhão trinitária se expressa nos sacramentos de iniciação, pois o batismo nos torna filhos no Filho, na unção do Espírito, que nos conduz à vivência eucarística.

O batismo expressa a teologia da filiação, é como filho que Jesus cumpre sua missão no amor, toda sua vida de obediência ao Pai; é, por assim dizer, a expressão mais pura de amor. A crisma só pode ser entendida em relação com o batismo, como a unção, o selo, o impulso vitalizador do Espírito que conduz ao Pai e que a todos atrai no Filho, para então participar da ceia do Senhor. A eucaristia é ceia, é comunhão, reunião, é o sacramento da unidade na medida em que reúne todos em torno da mesa do Senhor. Esse sentido fraterno da eucaristia vivido na celebração deve ser testemunhado no mundo para formar uma cultura eucarística.

O cultivo de uma vivência eucarística se inicia na celebração, numa catequese querigmática e mistagógica, numa Igreja casa da catequese na qual a responsabilidade de evangelizar não é só do catequista, mas de todos, de uma pastoral querigmático-mistagógica. Assim, a inspiração catecumenal com um itinerário mistagógico exige uma catequese que se centre em quatro dimensões: Palavra-mistagogia-comunidade-testemunho.

As mudanças não ocorrem de uma hora para outra, é preciso amadurecimento e mudança de mentalidade; o papel dos agentes de pastoral é fundamental, principalmente o dos catequistas. O ministério do catequista instituído pelo Papa Francisco é o resultado de uma reflexão da Igreja que era realizada há anos. Longe de ser um prêmio, demonstra a importância e a responsabilidade do catequista neste momento de nova evangelização. A catequese é convocada a sair de um paradigma escolar para adentrar no paradigma do encontro.

Não queremos dizer que a catequese perdeu sua organização e seu método; pelo contrário, a dinâmica educativa do encontro necessita de organização, de método, mas também de abertura ao Espírito. É a catequese compreendida como local de encontro com Deus e com o próximo: encontro do catequizando, do catecúmeno e do catequista, um espaço de troca, de diálogo, de novas ferramentas de linguagem, de fala e de escuta.

O catequista é o condutor, o guia, porém de uma maneira diferente: apesar de não deixar de transmitir, de ensinar os conteúdos da fé, o catequista terá de ir além, terá de ser um humanista, um especialista em humanidade como Jesus foi. Educar para a humildade, para a solidariedade, para o cuidado com o próximo e com a casa comum; em suma, ensinar a ser próximo. O catequista não está sozinho porque educa com a Palavra de Deus e é por intermédio dela que penetra no coração do mundo, nas dores, nas angústias diárias suas e dos catequizandos e catecúmenos, prestando um serviço fundamental a toda comunidade, pois a catequese inicia e acompanha.

A catequese é a ponta de lança das mudanças, porém toda renovação só acontece se a comunidade estiver unida em torno de um bem comum. Somente caminhando juntos efetuamos mudanças; assim, do batismo à eucaristia para uma cultura eucarística, caminhamos para uma Igreja sinodal.

Nesse sentido, é de fundamental importância encontrar meios de superação da fragmentação dos sacramentos, revisando pastoralmente a ordem dos sacramentos de iniciação. Esse, porém, é um assunto que merece ser aprofundado em outra pesquisa, pois ainda há muito acerca do que refletir a fim de contribuir para a formação de uma cultura eucarística, fraterna, amorosa, e que provenha do celebrativo para a vida, que recupere o adágio *lex orandi*, *lex vivendi*, *lex credendi*, para formar uma nova mentalidade, a de uma Igreja sinodal, com uma nova formação de sacerdotes, leigos e agentes de pastorais.

Posfácio

A unidade dos sacramentos da Iniciação: caminho de renovação pastoral a partir do conceito de mystérion é o título da obra que temos diante dos olhos. Trata-se, conforme podemos muito bem inferir, de um livro cujo escopo é realçar a importância dos sacramentos da iniciação cristã na vida de uma Igreja que se autocompreende em seu permanente processo de renovação e crescimento. Os três sacramentos que compõem o dinamismo iniciático à vida cristã, em seus diversos e amplos aspectos, tornam-se o foco de atenção de Elza Ferreira da Cruz que, com maestria e paixão, nos toma pelas mãos e nos faz percorrer o trajeto que ela mesma antes percorreu e saboreou. E o faz, com certeza, para que também nós tenhamos a possibilidade de atravessar as senhas de seu caminho de busca, com suas pesquisas e descobertas.

Ao tratar da temática da unidade intrínseca – e diria, até mesmo, ontogenética – dos sacramentos da iniciação cristã, notamos a preocupação da nossa autora de atualizar para os nossos dias, de forma didática e vibrante, o patrimônio bíblico-patrístico da compreensão e *práxis* pastoral desses três sacramentos. Não sem razão, sua obra carrega como subtítulo: "caminho de renovação pastoral a partir do conceito de *mystérion*". É precisamente no segundo capítulo do livro que essa questão é tratada. De fato, é a partir do conceito bíblico de *mystérion* que tanto a Escritura neotestamentária como os textos catequético-litúrgicos dos Padres da Igreja compreenderão e desenvolverão a tríade iniciática batismo-confirmação-eucaristia. É sabido que esse desenvolvimento coube, sobretudo, à época áurea da Patrística. Dois exímios teólogos dessa fase são eleitos pela nossa autora como representantes, seja da tradição ocidental, seja da tradição oriental: Cirilo de Jerusalém e Ambrósio de Milão. Em relação à importância da noção bíblica do termo *mystérion*, reproduzo as próprias palavras da autora: "Já no Novo Testamento, encontraremos o que se pode considerar roteiros de iniciação cristã como experiência de encontro com o mistério de Jesus Cristo morto e ressuscitado. A iniciação tinha um sentido conjunto, pois o batismo-unção conduziam à participação na ceia comunitária do Senhor" (p. 15).

É precisamente a teologia do Concílio Vaticano II que reassume a *mens* bíblica e patrística no que se refere a uma viva consciência da unidade vital dos sacramentos da iniciação cristã. A proposta de resgate que o Concílio faz da *práxis* catecumenal é um eloquente exemplo disso. De forma insistente, recorda-nos a Constituição sobre a Sagrada Liturgia: "Restaure-se o catecumenato dos adultos […]" (SC, n. 64). Acerca dos sacramentos do batismo e da confirmação, ali se diz: "Revejam-se ambos os ritos do batismo de adultos […]" (SC, n. 66). "Seja revisto o rito da confirmação, para também mais claramente aparecer a íntima conexão desses sacramentos com toda a iniciação cristã" (SC, n. 71). Ao sacramento da eucaristia, dada a sua magna importância, o documento conciliar dedica um inteiro capítulo, além dele ser também tratado em outras partes do documento.

Creio poder afirmar ser a teologia conciliar uma fonte inspiradora do livro da Elza. Não sem razão ela dedica o primeiro capítulo da obra para analisar o profundo estado de fragmentação da cultura contemporânea em seus vários âmbitos, o que afeta diretamente a tarefa evangelizadora da Igreja e a sua missão catequético-pastoral. É nesse sentido que o livro insiste na urgente necessidade de se redescobrir, de forma dinâmica e criativa, uma catequese da iniciação cristã essencialmente querigmática e mistagógica. Nesse mesmo item, os dois documentos utilizados para análise – o documento 107 da CNBB e o *Diretório para a catequese de 2020* – foram uma excelente escolha da nossa autora.

A mesma teologia conciliar, com sua força de irradiação, não deixa de nortear também o terceiro capítulo da obra. Nele são apontados alguns caminhos capazes de promover a renovação da *práxis* pastoral dos três sacramentos iniciáticos da fé cristã, sempre se insistindo na unidade que os constitui. Segundo o texto, a redescoberta dessa unidade subjaz numa teologia fundamental que necessariamente leva em consideração os aspectos trinitário, pneumatológico e eclesiológico desses mesmos sacramentos. À luz de tais aspectos, o batismo e a crisma protendem para a eucaristia; esta, por sua vez, "como centro da vida cristã, convida-nos a viver a fraternidade, a caridade no mundo numa vivência do partilhar o pão e o vinho que se forma à luz de uma mistagogia" (cf. p. 16), segundo uma conclusão da nossa autora.

O material que temos diante dos olhos tem o mérito de nos recordar aquela que foi a perspectiva sacramental integrada e orgânica do Concílio Vaticano II no que concerne aos sacramentos da iniciação cristã: a redescoberta da relação que existe entre o mistério da liturgia, a espiritualidade litúrgica, a catequese, a pastoral e o testemunho cristão hodierno. De fato, ao afirmar que a liturgia é *culmen et fons* de toda a vida da Igreja (cf. SC, n. 10), o Vaticano II desejou explicitar o núcleo e a totalidade da vida espiritual dos batizados naquilo que se refere ao culto litúrgico e à sua vivência no mundo. Com efeito, à luz da revelação bíblica, a existência cristã é continuamente chamada a se tornar um culto agradável a Deus, uma oferta da totalidade do nosso ser como "hóstia viva, santa e agradável a Deus" (Rm 12,1). Caberá à Igreja, na sua qualidade materna de pedagoga, formar aqueles que foram enxertados na vida de Cristo por intermédio dos sacramentos da iniciação cristã.

Com toda a certeza, foi a teologia sacramentária do Concílio Vaticano II, bem como os seus ulteriores desdobramentos, a fonte inspiradora do livro de Elza Ferreira da Cruz. Creio que é precisamente isso que mais confere à sua pesquisa espessura teológica e relevância catequético-pastoral. Diante do valor do livro, seguem os meus votos de que o material nele contido seja considerado com atenção e lido com prazer, e – Por que não? – que também possa ser utilizado em grupos de estudos e futuras pesquisas. E isso não somente por conta de seu conteúdo como também pela vasta e profunda bibliografia que contém. Minha pessoal gratidão à Elza pela oportunidade de tecer esses comentários no posfácio de seu livro, a ela a quem tive também o prazer de acompanhar durante o seu curso de formação de graduação na PUC-Rio.

Prof.-Dr. Pe. Luiz Fernando Ribeiro Santana
Departamento de Teologia da PUC-Rio

Referências

ADRIANO, J. Sacramentologia fundamental: Do mystérion ao sacramentum. *Revista de Cultura Teológica*, São Paulo, v. 11, n. 45, p. 9-58, out.-dez. 2003.

ALMEIDA, A. *Lumen Gentium*, transição necessária. São Paulo: Paulus, 2005.

AMADO, J. O documento de Aparecida e sua proposta para toda a Igreja. *Atualidade Teológica*, Rio de Janeiro, v. 22, n. 58, p. 65-90, jan.-abr. 2018.

AMBRÓSIO DE MILÃO. *Sobre os sacramentos*. São Paulo: Paulus, 1996. (Coleção Patrística).

AUGÉ, M. Liturgia: *História, celebração, teologia, espiritualidade*. São Paulo: Editora Ave-Maria, 1998.

BARBOZA, M. A catequese em busca de sua identidade. *In*: SANTOS, J. S.; PAGNUSSAT, L. F. (Orgs.) *Reflexões sobre o diretório para a catequese*. Petrópolis: Editora Vozes, 2022.

BASURKO, X. A vida litúrgico-sacramental da Igreja em sua evolução histórica. *In*: BOROBIO, D. (Org.) *A celebração da Igreja*. São Paulo: Loyola, 1991.

BELLOSO, J. *Os sacramentos: símbolos do Espírito*. São Paulo: Paulinas, 2005.

BENEDITO, A. *A sacramentalidade da Palavra de deus. Uma aproximação entre a mistagogia de Ambrósio de Milão e a Constituição Sacrosanctum Concilium*. 2019. 350 p. Tese (Doutorado em Teologia) – Departamento de Teologia, Pontifícia Universidade Católica do Rio de Janeiro, Rio de Janeiro, 2019.

BENTO XVI, PP. *Exortação apostólica pós-sinodal Sacramentum Caritatis sobre a eucaristia fonte e ápice da vida e da missão da Igreja*. São Paulo: Paulinas, 2007. Disponível em: https://www.vatican.va/content/benedictxvi/pt/apost_exhortations/documents/hf_ben-xvi_exh_20070222_sacramentum-caritatis.html. Acesso em: 6 fev. 2023.

BÍBLIA. *Bíblia de Jerusalém*. 4. ed. São Paulo: Paulus, 2013.

BINGEMER, M.; FELLER, V. *Deus Trindade*: A vida no coração do mundo. São Paulo: Paulinas; Valência: Siquem, 2009.

BOLLIN, A.; GASPARINI, F. *A catequese na vida da Igreja*: notas de história. São Paulo: Paulinas, 1998.

BORING, M. *Introdução ao Novo Testamento*: história, literatura, teologia. Questões introdutórias do Novo Testamento e Escritos Paulinos. Santo André: Academia Cristã; São Paulo: Paulus, 2015, v.1.

BOROBIO, D. *Celebrar para viver*: Liturgia e sacramentos da Igreja. São Paulo: Edições Loyola, 2009.

BOROBIO, D. *História e teologia comparada dos sacramentos*. São Paulo: Edições Loyola; São Paulo: Editora Ave-Maria, 2017.

BOROBIO, D; TENA, P. Sacramentos da Iniciação Cristã: Batismo e Confirmação. *In*: BOROBIO, D. *A celebração na Igreja II*: sacramentos. São Paulo: Edições Loyola, 1993.

BOSELLI, G. O sentido espiritual da liturgia. Brasília: Edições CNBB, 2014.

BRIGHENTI, A. O novo rosto do clero: perfil dos padres novos no Brasil. Petrópolis: Vozes, 2021.

BROWN, C. Segredo, Mistério. *In*: BROWN, C.; COENEN, L. *Dicionário internacional de teologia do Novo Testamento*. São Paulo: Vida Nova, 2000.

CANTALAMESSA, R. *O mistério da ceia*. Aparecida: Editora Santuário, 1993.

CARMONA, A. A obra de Lucas (Lucas-Atos). *In*: MONASTÉRIO, R.; CARMONA, A. *Evangelhos sinóticos e Atos dos Apóstolos*. São Paulo: Editora Ave-Maria, 2000.

CARVALHO, H.; NETO, J. *Catequese, liturgia e mistagogia*. São Paulo: Paulus, 2022.

CASEL, O. O mistério do culto no cristianismo. São Paulo: Edições Loyola, 2011.

CELAM. *Documento de Aparecida*: texto conclusivo da V Conferência Geral do Episcopado Latino-Americano e do Caribe, Aparecida, 2007. São Paulo: Paulus, 2008.

CELAM. *Evangelização no presente e no futuro da América Latina*: conclusões da Conferência Geral do Episcopado Latino-Americano, Puebla, 1979. São Paulo: Paulinas, 2009.

CIRILO DE JERUSALÉM. Catequeses mistagógicas. *In*: CORDEIRO, J. (org.) *Antologia Litúrgica*: Textos litúrgicos, patrísticos e canónicos do primeiro milénio. Fátima: Secretariado Nacional de Liturgia, 2015.

CNBB. *Cristãos leigos e leigas na Igreja e na sociedade*: Sal da terra e luz do mundo. São Paulo: Paulinas, 2016. (Doc 105).

CNBB. *Iniciação à vida cristã*: itinerário para formar discípulos missionários. Brasília: Edições CNBB, 2017. (Doc 107).

CNBB. *Diretrizes gerais da Ação Evangelizadora do Brasil*: 2019-2023. Brasília: Edições CNBB, 2019. (Doc 109).

CNBB. *Ministério de catequista*. Brasília: Edições CNBB, 2021. (Doc 95).

COLA, G. *O sacramento-assembleia*: teologia mistagógica da comunidade celebrante. Petrópolis: Vozes; Rio de Janeiro: Editora PUC, 2020.

COMBLIN, J. *Atos dos Apóstolos*. Petrópolis: Vozes, 1988. v. I.

COMISSÃO TEOLÓGICA INTERNACIONAL. *A sinodalidade na vida e na missão da Igreja*. Brasília: Edições CNBB, 2018.

CONCÍLIO VATICANO II. Constituição "Sacrosanctum Concilium" sobre a Sagrada Liturgia. *In*: *Compêndio Vaticano II, constituições, decretos e declarações*. Petrópolis: Vozes, 1988.

CONCÍLIO VATICANO II. Decreto "Ad Gentes" sobre a atividade missionária da Igreja. *In*: *Compêndio Vaticano II, constituições, decretos e declarações*. Petrópolis: Vozes, 1988.

CORDEIRO, J. A sacramentalidade e a ministerialidade no primeiro milênio através de alguns testemunhos patrísticos, litúrgicos e teológicos. *Didaskalia*, Lisboa, v. 36, n. 1, p. 127-137, jan. 2006.

COSTA, R. *Mistagogia hoje*: o resgate da experiência mistagógica dos primeiros séculos da Igreja para a evangelização e catequese atuais. São Paulo: Paulus, 2014.

DANIELOU, J. *Bíblia e liturgia*: a teologia bíblica dos sacramentos e das festas nos padres da Igreja. São Paulo: Paulinas, 2013.

DENZINGER, H. Compêndio dos símbolos, definições e declarações de fé e moral. São Paulo: Paulinas, Edições Loyola, 2015.

ELIADE, M. Mistérios. *In*: ELIADE, M.; COULIANO, I. *Dicionário das religiões*. São Paulo: WMF Martins Fontes, 2019.

FABER, E. *Doutrina católica dos sacramentos*. São Paulo: Loyola, 2008.

FABRIS, R. *Os Atos dos Apóstolos*. São Paulo: Loyola, 1991.

FABRIS, R.; BARBAGLIO, G. *Os Evangelhos I*. São Paulo: Loyola, 2014.

FINELON, V. Teologia do mistério: Aspectos bíblico-patrísticos, teológicos-litúrgicos e magisteriais. 2015. 160 p. Dissertação (Mestrado em Teologia) — Departamento de Teologia, Pontifícia Universidade Católica do Rio de Janeiro, Rio de Janeiro, 2015.

FLORES, J. Introdução à Teologia Litúrgica. São Paulo: Paulinas, 2006.

FONTOURA, R.; BOCALETE, R. *Mística, liturgia e mistagogia na iniciação à vida cristã*. *In: A catequese a serviço da iniciação à vida cristã*. Petrópolis: Vozes, 2018.

FRANCISCO, PP. *Exortação Apostólica Evangelii Gaudium sobre o anúncio do Evangelho no mundo atual*. São Paulo: Paulinas, 2013.

FRANCISCO, PP. *Carta Apostólica em forma de Motu Proprio Antiquum Ministerium pela qual se institui o ministério do catequista*. Brasília: Edições CNBB, 2021.

FRANCISCO, PP. *Carta Encíclica Laudato Si' sobre o cuidado da casa comum*. São Paulo: Paulinas, 2015.

GOEDERT, V. M. *Teologia do Batismo*: considerações teológico-pastorais sobre o Batismo. São Paulo: Paulinas, 1987.

GONÇALVES, P. Eclesiologia de Comunhão: Mistério e Povo de Deus, a eclesiologia do Concílio Vaticano II. *Revista de Cultura Teológica*, São Paulo, v. 13, n. 53, p. 15-35, out.-dez. 2005.

GROSSI, V. Sacramentos nos Padres da Igreja. *In*: BERNARDINO, A.; FEDALTO, G.; SIMONETTI, M. (Orgs.). *Dicionário de literatura patrística*. São Paulo: Editora Ave-Maria, 2010.

GUMBRECHT, H. *Modernização dos sentidos*. São Paulo: Editora 34, 1998.

HIPÓLITO DE ROMA. *Tradição apostólica*: Liturgia e Catequese em Roma no século III. Petrópolis: Vozes, 1971.

LARRABE, J.; SIMON, A. Los sacramentos em nuevas perspectivas de Robert Hotz. *Estudios Eclesiásticos*, Madrid, v. 66, n. 258, p. 337-344, jul.-set. 1991.

LELO, A. *A iniciação cristã*: catecumenato, dinâmica sacramental e testemunho. São Paulo: Paulinas, 2005.

LAFONT, G. *História teológica da Igreja Católica*. São Paulo: Paulinas, 2000.

LIMA, L. Iniciação à vida cristã: Conforme a CNBB em seus recentes documentos. *In*: *A Catequese a serviço da iniciação à vida crista*. Petrópolis: Vozes, 2018.

LUCAS, J. Mistério. *In*: PIKAZA, X., SILANES, N. *Dicionário teológico*: o Deus Cristão. São Paulo: Paulus, 1988.

MARSILI, S. A liturgia, momento histórico da salvação. *In*: NEUNHEUSER, B; MARSILI, S; AUGÉ, M.; CIVIL, R. (Orgs.). *A liturgia, momento histórico da salvação*. São Paulo: Paulinas, 1986.

MARSILI, S. Sacramentos. *In*: SARTORE, D.; TRIACCA, A. M. (orgs.). *Dicionário de liturgia*. São Paulo: Paulinas, 1992.

MARSILI, S. *Sinais do mistério de Cristo*: teologia litúrgica dos sacramentos, espiritualidade e ano litúrgico. São Paulo: Paulinas, 2009.

MARSILI, S. Teologia da celebração da eucaristia. *In*: MARSILI, S; NOCENT, A; AUGÉ, M.; CHUPUNGO, A. *A eucaristia*: teologia e história da celebração. São Paulo: Paulinas, 1986.

MAZZA, E. *A mistagogia*: as catequeses litúrgicas do fim do século IV e seu método. São Paulo: Edições Loyola, 2020.

MAZZAROLO, I. *Primeira carta aos Coríntios*: exegese e comentário. Rio de Janeiro: Mazzarolo editor, 2008.

MAZZAROLO, I. *Carta aos Efésios*. Rio de Janeiro: Mazzarolo editor, 2013.

MOINGT, J. *Deus que vem ao homem*: Do luto à revelação de Deus, São Paulo: Edições Loyola, 2010. v.1.

MONDOLFO, R. *O pensamento antigo:* história da filosofia Greco-Romana I. São Paulo: Editora Mestre Jou, 1966.

MORAES, O. A. Apresentar as razões da esperança cristã: A catequese a serviço da transmissão da Revelação cristã. *In*: SANTOS, J. S.; PAGNUSSAT, L. F. (orgs.) *Reflexões sobre o Diretório para a Catequese*. Petrópolis: Editora Vozes, 2022.

MORAES, O. A catequese hoje: reflexões teológico-pastorais a partir da Evangelii Gaudium. *In*: AMADO, J.; FERNANDES, L. (orgs.). *Evangelii Gaudium em questão*. São Paulo: Paulinas; Rio de Janeiro: PUC-Rio, 2014.

MORAES, O. O anúncio do Evangelho na atualidade: uma introdução à Evangelii Gaudium. *In*: AMADO, J.; FERNANDES, L. (orgs.). *Evangelii Gaudium em questão*. São Paulo: Paulinas; Rio de Janeiro: PUC-Rio, 2014.

MORAES, O. O Ministério do catequista e a Iniciação à Vida Cristã: profecia, terapia e liturgia. *In*: SANTOS, J.; BARBOZA, M. *Vocação e missão de catequista*: Por que um ministério? Petrópolis: Vozes, 2022.

NEUNHEUSER, B. História da liturgia. *In*: SARTORE, D.; TRIACCA, A. (orgs.). *Dicionário de liturgia*. São Paulo: Paulinas, 1992.

NEUNHEUSER, B. Mistério. *In*: SARTORE, D.; TRIACCA, A. (orgs.). *Dicionário de liturgia*. São Paulo: Paulinas, 1992.

NOCHE, F. Doutrina específica dos sacramentos. *In*: SCHNEIDER, T. (org.) *Manual de dogmática*. Petrópolis: Vozes, 2012.

OÑATIBIA, I. *Batismo e confirmação*: sacramentos de iniciação. São Paulo: Paulinas, 2007.

PACHECO, L. Iniciação cristã na Igreja Antiga. *Paralellus*, Recife, v. 1, n. 2, p. 161-181, jul./dez. 2010.

PAULO VI, PP. *Exortação apostólica Evangelii Nuntiandi* sobre a Evangelização no mundo atual. São Paulo: Paulinas, 1976.

PAULO VI, PP. Ritual da iniciação cristã de adultos. São Paulo: Paulinas, 2017.

PEDROSA-PÁDUA, L. *Santa Teresa de Jesus*: mística e humanização. São Paulo: Paulinas, 2015.

PEREIRA, S. *"Anunciamos Cristo crucificado" (1Cor 1,23): A formação de discípulos missionários hoje à luz da teologia da cruz de Antonio Pagani*. 2019. 244 p. Tese (Doutorado em Teologia) — Departamento de Teologia, Pontifícia Universidade Católica do Rio de Janeiro, Rio de Janeiro, 2019.

PONTIFÍCIO CONSELHO PARA A PROMOÇÃO DA NOVA EVANGELIZAÇÃO. *Diretório para a catequese*. Brasília: Edições CNBB, 2020.

RATZINGER, J. *Teologia da liturgia*: O fundamento sacramental da existência crista. Brasília: Edições CNBB, 2019.

ROGUET, A.-M. Introdução. *In*: TOMÁS DE AQUINO. *Suma Teológica IX*. São Paulo: Loyola, 2013.

ROCCHETTA, C. *Os sacramentos da fé*. São Paulo: Paulinas, 1991.

ROMÃO, P. *A estrutura sacramental da história salvífica: estudo comparado de Edward Schillebeeckx e de Luigi Giussani*. 2012. 249 p. Tese (Doutorado em Teologia) – Faculdade de Teologia, Pontifícia Universidade Católica do Rio de Janeiro, Rio de Janeiro, 2012.

RUBIO, G. A. *Unidade na pluralidade*: o ser humano à luz da fé e da reflexão cristãs. São Paulo: Paulus, 2001.

SANTANA, L. O Espírito Santo na vida de Jesus: por uma Cristologia Pneumática. *Atualidade Teológica*, Rio de Janeiro, n. 36, p. 265-292, set.-dez. 2010.

SILVA, J. A. *O movimento litúrgico no Brasil*: estudo histórico. Petrópolis: Vozes, 1983.

SOTOMAYOR, E. *Catequesis evangelizadora*: Manual de catequética fundamental. Quito: Produciones digitais Ediciones Abya, 2003.

SOUZA, N.; GONÇALVES, P. *Catolicismo e sociedade contemporânea*: do Concílio Vaticano I ao contexto histórico-teológico do Concílio Vaticano II. São Paulo: Paulus, 2013.

TABORDA, F. Crisma, sacramento do Espírito Santo? *Perspectiva Teológica*, Belo Horizonte, v. 30, n. 81, p. 183-209, jan.-mar. 1998.

TABORDA, F. Nas fontes da vida cristã: uma teologia do batismo-crisma. São Paulo: Edições Loyola, 2012.

TABORDA, F. Da celebração à teologia. Por uma abordagem mistagógica da teologia dos sacramentos. Revista Eclesiástica Brasileira, Petrópolis, v. 64, n. 255, p. 588-615, mai. 2004.

Conecte-se conosco:

- facebook.com/editoravozes
- @editoravozes
- @editora_vozes
- youtube.com/editoravozes
- +55 24 2233-9033

www.vozes.com.br

Conheça nossas lojas:
www.livrariavozes.com.br

Belo Horizonte – Brasília – Campinas – Cuiabá – Curitiba
Fortaleza – Juiz de Fora – Petrópolis – Recife – São Paulo

  Vozes de Bolso

EDITORA VOZES LTDA.
Rua Frei Luís, 100 – Centro – Cep 25689-900 – Petrópolis, RJ
Tel.: (24) 2233-9000 – E-mail: vendas@vozes.com.br